Baudelaire

Série Biografias **L&PM** POCKET:

Átila – Eric Deschodt
Balzac – François Taillandier
Cézanne – Bernard Fauconnier
Freud – René Major e Chantal Talagrand
Gandhi – Christine Jordis
Júlio César – Joël Schmidt
Kafka – Gérard-Georges Lemaire
Kerouac – Yves Buin
Luís XVI – Bernard Vincent
Michelangelo – Nadine Sautel
Modigliani – Christian Parisot
Picasso – Gilles Plazy
Shakespeare – Claude Mourthé
Van Gogh – David Haziot

Leia também na Coleção **L&PM** POCKET:

Paraísos artificiais – Charles Baudelaire

Jean-Baptiste Baronian

Baudelaire

Tradução de Julia da Rosa Simões

www.lpm.com.br

L&PM POCKET

Coleção **L&PM** POCKET, vol. 806
Série Biografias/14

Texto de acordo com a nova ortografia
Título original: *Baudelaire*

Primeira edição na Coleção **L&PM** POCKET: abril de 2010

Tradução: Julia da Rosa Simões
Capa: Projeto gráfico – Editora Gallimard
Ilustrações da capa: retrato de Baudelaire / Étienne Carjat e manuscrito do poema "O vampiro"
Preparação: Elisa Viali
Revisão: Elisângela Rosa dos Santos

CIP-Brasil. Catalogação-na-Fonte
Sindicato Nacional dos Editores de Livros, RJ

B245b

Baronian, Jean-Baptiste, 1942-
    Baudelaire / Jean-Baptiste Baronian; tradução de Julia da Rosa Simões. - Porto Alegre, RS : L&PM, 2010.
    208p. – (Coleção L&PM POCKET Biografias; v.806)

    Tradução de: *Baudelaire*
    Anexos
    Inclui bibliografia
    ISBN 978-85-254-1924-8

    1. Baudelaire, Charles, 1821-1867. 2. Escritores franceses - Biografia. I. Título. II. Série.

09-3449.   CDD: 928.41
                                CDU: 929:821.133.1

© Éditions Gallimard 2005

Todos os direitos desta edição reservados a L&PM Editores
Rua Comendador Coruja, 314, loja 9 – Floresta – 90220-180
Porto Alegre – RS – Brasil / Fone: 51.3225.5777 – Fax: 51.3221-5380

PEDIDOS & DEPTO. COMERCIAL: vendas@lpm.com.br
FALE CONOSCO: info@lpm.com.br
www.lpm.com.br

Impresso no Brasil
Outono de 2010

Sumário

Advertência / 7
Um cheiro de velho / 9
A chegada do *mau* / 14
A honra do colégio / 17
A vida diante de si / 20
Nos mares do sul / 24
A volta do filho pródigo / 28
Pequenos versos entre amigos / 33
"A serpente que dança" / 37
A cabeça cheia de turbilhões / 41
Luz e trevas / 45
O amor... sempre / 49
Um novo Salão / 54
Um certo Samuel Cramer / 58
Nas barricadas / 62
Um jornalista versátil / 66
Tempo de retraimento / 70
Entre dois editores / 74
O homem de trinta anos / 78
Um santo maldito / 82
Carta à Presidenta / 86
No confessionário do coração / 92
Mas como sair dessa? / 96
Sem domicílio fixo / 100
Poe nas livrarias / 104
O crápula, o ignorante / 107
Finalmente nasce a *criança* / 110
Uma dupla derrota / 114
O mal de viver / 118
"Ancelle é um miserável" / 122
De uma mulher a outra / 126
O "Príncipe das Carniças" / 130
Fruição musical / 134

Retorno a Neuilly / 138
O corpo a nu / 142
Visitas distintas / 146
O ano das misérias / 151
A corrida aos editores / 155
Todas as estultices do século / 159
Um ciclo de conferências / 163
Pessoas e coisas da Bélgica / 167
O peso do tédio / 171
Um "morto entre os mortos" / 175

ANEXOS
Referências cronológicas / 183
Referências bibliográficas / 186
Notas / 191
Sobre o autor / 199

Advertência

Este livro procura reconstituir a vida de Charles Baudelaire fielmente, ano após ano, do seu nascimento à sua morte. Todas as pessoas aqui retratadas, famosas ou não, são apresentadas da mesma maneira, conforme o que foram e o que fizeram, e não em função do que se tornaram ou do que realizaram depois. É por isso que, num esforço de coerência e para evitar qualquer anacronismo, os nomes das ruas, das instituições e dos estabelecimentos, até mesmo os títulos das obras citadas, são mencionados tal como eram conhecidos do poeta quando em vida.

J.-B. B.

Um cheiro de velho

É um estranho casal, definitivamente, que dá à luz Charles Baudelaire, em 9 de abril de 1821, no nº 13 da Rue Hautefeuille, entre a Place Saint-André-des-Arts e a Rue de l'École-de-Médecine, no bairro Saint-Germain, em Paris.

Ele, Joseph-François Baudelaire, já tem sessenta anos quando esse filho vem ao mundo. Nascido numa família de agricultores champanheses, iniciara muito jovem seus estudos e, apesar de não se destacar, obtivera no colégio de Sainte-Menehould, antiga capital da Argonne, boas notas em francês, latim e grego. Depois de ser recebido no seminário de Sainte-Barbe, em Paris, frequentara cursos de filosofia na Sorbonne e pensara por um momento em abraçar a carreira eclesiástica e ser ordenado padre. Mas a vida civil logo o absorvera. Talvez ele tenha se sentido irresistivelmente atraído pelos lânguidos costumes da sociedade do século XVIII. Aquela que ainda respeitava a monarquia e a nobreza. Aquela que combinava decoro e hipocrisia. Aquela que unia urbanidade e cabotinismo, que amava as boas maneiras, as belas vestimentas, as belas-letras e as belas-artes, mas que, nos anos de 1780, não imaginava seu declínio nem a derrocada de seus valores.

E eis Joseph-François Baudelaire, em 1785, preceptor na casa do conde Antoine de Choiseul-Praslin. Ele é muito estimado. Sua discrição é apreciada. É considerado ao mesmo tempo um notável pedagogo e um perfeito fidalgo – e é recomendado sem receio às pessoas da sociedade, especialmente a Madame Helvétius, cujo salão em Auteuil sempre reuniu *mentes* superiores: Condillac, Thomas, d'Alembert, Diderot, d'Holbach, Condorcet, Franklin, Laplace, Voltaire, Cabanis...

Joseph-François Baudelaire é tão dócil, tão educado, tão reservado, que as mudanças de regime político não o afetam. Tanto que, durante o Império – depois da Revolução e do Terror –, graças aos privilégios de que usufruía, ele é nomeado secretário da comissão administrativa e controlador das despesas do Senado e, em 1805, chefe dos gabinetes da pretoria. Isso lhe garante um apartamento-escritório nos Jardins du Luxembourg.

Onze anos mais tarde, ele fica feliz em poder aposentar-se. E o novo regime, que sucedeu a Napoleão, banido para Santa Helena, e que não tem motivo algum para censurá-lo, lhe concede uma pensão das mais corretas.

Assim, Joseph-François Baudelaire tem tempo para se dedicar àquilo que, no fundo, mais o fascina: a pintura. Desde que frequentara o salão de Madame Helvétius e convivera com homens ilustres, tinha a pretensão de manejar o pincel e gostava de compor guaches. Inclusive, ele se aproximara dos pintores Pierre-Paul Prud'hon e Louis Léopold Boilly, que têm mais ou menos a sua idade, do escultor Claude Ramey e de Jean Naigeon, o conservador do museu do Palais du Luxembourg, uma dependência do Senado. Em relação a eles, ele não passa de um mero amador e suas obras, alegorias e principalmente nus, não têm brilho algum. Ele também se orgulha de colecionar quadros, estatuetas, móveis trabalhados em mogno, nogueira ou laca, bibelôs, de preferência da época de Luís XVI, e montes de belas velharias*.

No entanto, mesmo completamente entregue à sua pintura, ele também tem um forte desejo de voltar a casar-se; sua mulher, Rosalie Janin, que ele desposara em 1797, morrera em 1815. Não sem deixar-lhe um filho, Claude-Alphonse (que nascera em 1805), e alguns hectares de terra. O suficiente para fazer dele um viúvo apreciado e apreciável, apesar de ele se aproximar dos sessenta anos e de não ter mais o belo porte de outrora.

---

* Em uma carta à sua mãe, datada de 30 de dezembro de 1857, Charles Baudelaire escreve: "Há alguns meses, descobri num *marchand* da Passage des Panoramas um quadro de meu pai (uma figura nua, uma mulher deitada vendo duas figuras nuas em sonho). Eu não tinha dinheiro, nem mesmo para dar um sinal, e a torrente insuportável das futilidades diárias desde então me fez esquecer disso. [...] Meu pai era um artista detestável; mas todas essas velharias têm um valor moral" (*Lettres inédites aux siens*, Grasset, 1966). (N.A.)

Há algum tempo, ele cobiça a pupila de um de seus mais antigos amigos, Pierre Pérignon, que ele conhecera no colégio de Sainte-Menehould e que se tornara um brilhante advogado em Paris. Essa pupila tem o nome de Caroline Dufaÿs. Nascida em Londres em 1793, ela é filha de um oficial emigrado e não deixa de ter certo encanto, o encanto necessário para perturbar o funcionário consciencioso que ele não é mais e o pintor de gênero que ele gostaria de ser, e para provocar nele ideias de luxúria, fantasias de libertinagem. Afinal, não era ele, Joseph-François Baudelaire, o verdadeiro filho de um longo século de frivolidades eróticas e alegrias sentimentais? E não possuía ele, além disso, a segurança financeira sem a qual uma filha de boa extração não poderia se alegrar?

Caroline Dufaÿs tem 26 anos quando Joseph-François Baudelaire, em setembro de 1819, casa-se com ela em segundas núpcias. Sem dúvida, ela poderia ter esperado por um melhor partido, mas, olhando de perto, podemos ver que tudo a preparara para esse tipo de casamento: sua pobre condição de órfã, sua educação à antiga, o lugar, o *pequeníssimo* lugar que ocupava na família – numerosa – de seu tutor... Sem contar que, na casa dos Pérignon, ninguém entende nada de arte nem dos inúmeros prazeres do espírito.

Sim, é um estranho casal que dá à luz Charles Baudelaire, em 9 de abril de 1821, e que o batiza na igreja Saint-Sulpice, no dia 7 de junho seguinte, em presença de Pierre Pérignon e de sua mulher, o padrinho e a madrinha*.

Um pai velho, então com 62 anos, e uma mãe ainda jovem, com 34 anos menos que seu marido. Um pai marcado pelos faustos indolentes de uma época passada e uma mãe que descobre, de um dia para outro, o amor carnal e, ao mesmo tempo, os caprichos de um velho. Um pai um tanto diletante, preso entre os requintes dos salões mundanos do século XVIII e a gravidade dos gabinetes administrativos, e

---

* Antes, em 11 de abril, Joseph-François Baudelaire declararia ao registro civil o nascimento de seu filho. (N.A.)

uma mãe tímida, crédula, temerosa, para quem a maternidade é como um dom do céu, uma espécie de milagre, e o parto, uma revanche contra as adversidades. Um pai idoso que tem amigos idosos e uma mãe na flor da idade que, por sua vez, não tem amigos, a não ser um dos quatro filhos de seu tutor.

Esse incrível contraste é percebido pelo pequeno Charles muito cedo, muito rápido. Na sua casa, na Rue Hautefeuille, tudo é antiquado, e aqueles que ele vê ir e vir e com os quais seu pai conversa ou vai ao teatro são todos velhos. Velhos caquéticos. Velhotes. Vovozinhos. Quando ele vai brincar no Jardin du Luxembourg, a dois passos de casa, ele vê que seu pai encontra mais velhotes, seus antigos colegas do Senado, companhias senis e quase decrépitas. Esse não é apenas um mundo velho, mas também um mundo que exala um cheiro de velho – odores terríveis, nauseabundos, repugnantes, pútridos, "florações da natureza"*, "lodo repelente"** que ele não consegue deixar de registrar, de armazenar no mais fundo de seu ser.

Contudo, o apartamento paterno também oferece recantos onde nem sempre é desagradável refugiar-se, zonas misteriosas de penumbra que atiçam a imaginação. Certos objetos, um Apolo ou uma Vênus de gesso, um pêndulo, um globo sobre a chaminé, um vaso de flores de porcelana do Japão, uma jardineira em porcelana de Delft, um candelabro de cobre, uma guache, um pastel, provocam devaneios, abrem janelas para fabulosas paragens.

E ainda há a biblioteca onde Joseph-François Baudelaire reuniu suas dileções literárias e artísticas e onde, com uma edição de 1772 da *Enciclopédia* de Diderot e d'Alembert, ele institucionalizou em sua casa o saber triunfante do século XVIII, o século do qual ele talvez jamais saiu. Charles não para de

---

* Charles Baudelaire, "Uma carniça", *As flores do mal*, tradução de Ivan Junqueira. In: *Poesia e Prosa*, volume único. Rio de Janeiro: Nova Aguilar, 1995, p. 127. (N.T.)

** Charles Baudelaire, "Elevação", *As flores do mal*, tradução de Ivan Junqueira. In: *Poesia e Prosa*, volume único. Rio de Janeiro: Nova Aguilar, 1995, p. 108. (N.T.)

olhar para todos esses livros. Quando a tentação é grande demais, ele os examina às escondidas, preferindo os álbuns cheios de "mapas e telas" às páginas enegrecidas de textos.

Na Rue Hautefeuille*, Charles também vive intimamente com seu meio-irmão, Claude-Alphonse, dezesseis anos mais velho e que, por sorte, se dá bastante bem com a nova senhora Baudelaire. Porém, a diferença de idade é grande demais para que surjam laços estreitos entre os dois e para que eles mantenham ao longo dos anos verdadeiras relações fraternas. Em 1825, Claude-Alphonse, estudante de direito, é admitido como advogado na Cour Royale de Paris. Nessa época, Charles parece mal saber que tem um meio-irmão mais velho.

Em 10 de fevereiro de 1827, o *velho* Joseph-François Baudelaire permite-se uma última galanteria: morrer sem fazer barulho, sem incomodar demais, sem deixar atrás de si seres para sempre inconsoláveis. Seu óbito é registrado 48 horas depois na prefeitura do *arrondissement*, na Rue Garancière, a dois passos do Senado.

Charles ainda não tem seis anos. No momento, ele não entende bem o que acontece, nem o que *lhe* acontece. Salvo que com sua forte sensibilidade ele percebe que o afeto da mãe, mãe querida e adorada, não precisa mais ser dividido. A partir de agora, pensa confusamente, tudo será só para ele, para os dois. Somente para os dois. Dois corações agitados, um pouco perdidos, que vão se encontrar, apesar de nunca terem tentado fazê-lo.

Graças às circunstâncias.

Porque não é possível que seja diferente.

---

* A casa natal de Charles Baudelaire foi demolida em meados do século XIX, devido à abertura do atual Boulevard Saint-Germain. O imóvel que foi erigido no local abrigou, por muito tempo, entre a Rue Hautefeuille e o Boulevard Saint-Michel, a livraria Hachette. (N.A.)

A chegada do *mau*

Por pouco, este poderia ser um lamentável melodrama em três atos.

No primeiro, há dois personagens principais: de um lado, uma jovem viúva, apagada e coquete; de outro, um pequeno menino de seis anos, ansioso e furiosamente imaginativo. De um lado, Caroline Baudelaire, uma mãe ideal, um modelo de mãe atenciosa; de outro, Charles Baudelaire, um garoto atormentado e tenso. Os dois precisam de carinho, muito carinho; um precisa do outro. Juntos, eles fazem longas caminhadas, um dia no Jardin du Luxembourg, outro no cais do Sena. Passeiam de fiacre e seguidamente visitam Neuilly, onde a natureza é perfumada e bela e onde mora Narcisse Désiré Ancelle, o notário da família*...

A felicidade?

Em sua idade, o que Charles pode saber da felicidade? O que ele pode saber da vida? Acima de tudo, o que ele pode conhecer do amor, das mulheres, de seus desejos, de seus caprichos, de suas aflições? E o que ela, Caroline, pode saber sobre o filho, sobre os profundos sentimentos que o animam, sobre suas indecisas esperanças?

Nesse primeiro ato, também há Mariette, a servente, uma mulher boa e calorosa, junto a quem Charles sempre se sente muito feliz. E remotos figurantes, como Pierre Pérignon, o padrinho, Claude-Alphonse, o meio-irmão, que a morte do pai reaproximara um pouco da família, ou ainda Narcisse Désiré Ancelle e sua mulher.

Esses são os bons. Pelo menos aos olhos de Charles.

O *mau*, por sua vez, ainda não chegou, mas sua presença já pode ser sentida. Algumas noites, Caroline Baudelaire deixa-se levar por um misterioso indivíduo que ainda não tem nome, que é apenas uma sombra, uma imponente silhueta ao crepúsculo.

---

* Ele será prefeito de Neuilly em 1851. (N.A.)

O segundo ato do melodrama tem início com uma reviravolta, vinte meses depois da morte de Joseph-François Baudelaire: contra todas as expectativas, recém-expirado o período de luto, Caroline se casa novamente! O feliz eleito se chama Jacques Aupick. Ele nascera em Gravelines, no norte, no mesmo ano da queda da Bastilha. Tem, então, 39 anos e é chefe de batalhão e ajudante de ordens de seu protetor, o príncipe de Hohenlohe.

Ele é, portanto, um militar. De verdade. "Constrito em sua retidão bem como em seu uniforme, e com a mão pronta a alcançar sua espada", uma "figura de soldado muito segura e um cavaleiro galante*[1]". Ele também fora adotado, e Caroline certamente não fica indiferente a isso.

Ao entregar-se a esse homem da mesma geração que a sua, ela sem dúvida também pensa em oferecer ao filho um novo pai, que se parece um pouco com ela, tivera como ela uma família que o acolhera e sabia o que significava ser órfão. E um pai que, além disso, tinha condições de assegurar materialmente a educação de seu filho, já que ela não poderia mais contar com a pensão concedida a Joseph-François. E já que, desde a morte deste, ela também fora obrigada a sair do apartamento da Rue Hautefeuille para ir morar na Rue Saint-André-des-Arts e a reduzir as despesas da casa.

Jacques Aupick tem um físico agradável. Ele tem boa saúde, é extremamente instruído, trabalhador e tenaz. Ao mesmo tempo leal e oportunista, é ambicioso, muito ambicioso, quer a qualquer custo vencer, subir o mais alto possível na hierarquia militar, e não fica nem um pouco insensível a honrarias. Traços que o distinguem claramente de Joseph-François, o bravo funcionário regrado, o diletante, o letrado, o pintor de fim de semana.

O casamento é conveniente, está claro, e ninguém ignora que o conveniente tem motivos que o coração...

---

* As palavras são de Jacques Crépet (1874-1952). Com seu pai, Eugène Crépet (1827-1892), ele esteve na base das pesquisas e dos estudos modernos sobre Charles Baudelaire e sua obra [As notas numeradas encontram-se no final do livro. (N.E.)]. (N.A.)

O terceiro ato do lamentável melodrama começa em novembro de 1828 num cenário ainda não visto: um apartamento no nº 17 da Rue du Bac, bem perto do Sena. Dessa vez, são três os protagonistas: Caroline Aupick (é preciso chamá-la por esse nome a partir de agora), Jacques Aupick e o *pequeno* Charles Baudelaire.

No início, ele não fica nem muito infeliz, nem muito perturbado com a brusca mudança imposta pelo casamento inesperado de sua mãe. Ele, aliás, também não é hostil ao homem que acaba de tomar o lugar de seu pai – apesar de considerá-lo bastante dissimulado em suas atitudes e bastante severo em suas relações com seu *entourage*.

O que não impede, com o passar do tempo, que ele tenha cada vez mais a impressão de que Jacques Aupick o oprime demais, o trata como a um de seus subordinados e o obriga a andar na linha. Charles começa a resistir, a não aceitar suas recomendações, a contrariar suas ordens. Depois, progressivamente, passa a detestá-lo. E logo a odiá-lo. Menos por acreditar que Jacques Aupick lhe roubara o amor materno do que por ser incapaz de concordar com sua maneira de ser, de pensar e de viver.

Nessas difíceis condições, é impossível não culpar o padrasto por todos os males, não considerar que ele seja o empecilho "para crescer à vontade[2]".

Impossível não tomá-lo justamente pelo *mau*.

O que Jacques Aupick não é.

A honra do colégio

A vida militar é uma oscilação constante. É ela que faz Alfred de Vigny nascer em Loches, Victor Hugo em Besançon, ou ainda Alexandre Dumas em Château-Thierry. Também é ela que faz Jacques Aupick passar de uma cidade de guarnição a outra após casar com Caroline Baudelaire-Dufaÿs.

Promovido ao grau de tenente-coronel, Aupick é em 1830 enviado a Sidi-Ferruch, na Algéria, onde permanece quinze meses. Depois, recebe ordens de ficar à disposição do ministro da Guerra e, mais tarde, de ir para Lyon. Dessa vez, ele decide levar a mulher e o jovem enteado – seu "miúdo", como gosta de chamá-lo.

Charles, que ainda não tem onze anos, conhece uma cidade cercada por colinas que não se assemelha em nada a Paris; frequentemente há bruma e ele não tem muitas oportunidades de vagar pelos jardins públicos. Depois de passar algum tempo na pensão Delorme, suja e desordenada, ele vai como interno para o sétimo ano do Collège Royal, enquanto seus pais se instalam na Rue d'Auvergne, uma das mais belas artérias de Lyon.

Ele não se sente infeliz, apesar de seus resultados escolares serem medíocres. Inclusive reconhece isso nas inúmeras cartas que escreve a seu meio-irmão, Claude-Alphonse.

> Fico muito contente de estar no liceu. Tenho certeza de que nossos antepassados não tinham o mesmo que nós nos colégios: doces de frutas, compotas, patês com molho, tortas, frangos, perus e guisados, e mais tudo o que ainda não comi[1].

Ele o informa regularmente sobre as diversas notas que obtém, narra os pequenos fatos que ocorrem no colégio, assegura que está cheio de boas resoluções e que quer ter êxito nos estudos. Apesar de às vezes se queixar, se lastimar de que os muros são tristes, sujos e úmidos, as salas "obscuras" e "o caráter lyonense" diferente do "caráter parisiense[2]".

Em 1836, Jacques Aupick, agora coronel, é chamado ao Estado-Maior da 1ª Divisão Militar de Paris. "Eis que mamãe, papai e eu estamos reunidos em Paris e que me apresso em escrever-te, pois espero que venhas me ver", Charles anuncia imediatamente a seu meio-irmão. E acrescenta: "Eu iria a teu encontro, mas papai não gosta que percamos tempo demais, por isso volto para o colégio, ou melhor, vou pela primeira vez ao Louis-le-Grand em 1º de março[3]".

O coronel está convencido de que seu enteado será um aluno que honrará o novo colégio. Ele sabe que Charles é um pouco rebelde, mas não duvida que o Louis-le-Grand será capaz de disciplina-lo.

Em 1839, Charles Baudelaire cursa filosofia. Até é bom aluno. Pelo menos nas matérias que o interessam, como o verso latino e o "discurso francês". Em contrapartida, é péssimo em história. Os professores gostam dele, apesar de sentirem falta de "energia" e "gravidade", de acharem que ele tem a "mente irrequieta". Alguns já o consideram um excêntrico, um original, uma espécie de místico que não faz nada como os outros e que se opõe a tudo quase por princípio. Ou um menino velhaco.

Mas seus professores também ficam impressionados com sua forte inclinação para a poesia. Victor Hugo, Théophile Gautier, Sainte-Beuve* são devorados por ele, que os recita por qualquer motivo e a toda hora. Cada um desses versos o faz estremecer e seguidamente provoca nele convulsões nervosas...

Ele está prestes a fazer dezoito anos quando, numa manhã, a tempestade que se anunciava desaba. Ele se recusa a entregar ao subdiretor um bilhete que um de seus colegas lhe dera. Como é pressionado a obedecer, rasga o bilhete e engole

---

* Pelo menos a obra *Vie, poésies et pensées de Joseph Delorme*, publicada anonimamente em 1829. (N.A.)

os pedaços. Convocado rapidamente para uma conversa com o reitor, declara que preferiria ser chicoteado a revelar o segredo do colega.

E fica firme. E faz zombarias.

Tanto que o reitor é obrigado a avisar o coronel Aupick. A carta que envia termina com as seguintes palavras:

> Eu lhe mando de volta então este jovem rapaz, dotado de capacidades notáveis, mas que estragou tudo devido ao seu péssimo espírito, com o qual a boa ordem do colégio sofreu mais de uma vez[4].

O coronel sente-se humilhado, ele que afirmara que seu enteado seria a honra do estabelecimento. Ele que está a ponto de ascender ao grau superior de general. Ele que, ainda por cima, é amigo do duque de Orléans, herdeiro provável do trono da França.

Contudo, de certa maneira Charles também se sente humilhado, pois sua mãe fica muito alvoroçada e tem crises de nervos. Após algumas semanas, é internado na casa de seu professor particular. Ele decide então rever todas as matérias em poucos dias e apresentar-se ao *baccalauréat**.

No mês de agosto de 1839, ele é aprovado. De maneira adequada, mas sem destaque.

Na verdade, Baudelaire não se orgulho disso. É provável que tenha feito a prova apenas para agradar aos pais, para não feri-los ainda mais, mas quase como um diletante, a exemplo de seu genitor, Joseph-François. Tanto que ele não hesita em espalhar o boato de que fora aceito no *baccalauréat* por complacência e como uma criança... idiota.

Como se ele quisesse fabricar-se um personagem, tornar-se uma lenda.

---

* *Baccalauréat*: exame final do ensino secundário realizado pelos estudantes da França. (N.T.)

A vida diante de si

Recém-aprovado no *baccalauréat*, Charles Baudelaire mais uma vez se confidencia com o meio-irmão, então juiz suplente do tribunal de Fontainebleau:

> Eis, portanto, o último ano encerrado, começarei um outro tipo de vida; isso me parece estranho e, dentre as inquietudes que me consomem, a mais forte é a escolha da futura profissão. [...] Os conselhos que peço não são de grande ajuda; pois, para escolher, é preciso conhecer, e eu não conheço de modo algum as diferentes profissões da vida[1].

Sim. O que escolher? O que fazer na vida?

Ele sente dentro de si paixões que o agitam, um violento desejo de tudo abraçar, uma enorme necessidade de aventuras. Ele sente que não é, aos dezenove anos, um jovem como os outros. Ele olha as pessoas à sua volta e se convence de que nada tem em comum com elas. Pelo menos não com os retardatários do romantismo, que ele julga ridículos e parados no tempo da batalha do *Hernani**. Para diferenciar-se, ele procura se vestir com bastante distinção – como um secretário da embaixada inglesa, nunca saindo sem uma bengala com punho de marfim.

Ele tampouco nega que vem da boa burguesia francesa e que as ideias de progresso lhe são indiferentes, bem como as de democracia. A seu ver, a rebelião, a revolta, primeiro passam, se é que devem passar, pela alma e pelo coração. Pela carne e pelo sangue. Pelo verbo.

Seus passos – macios, lentos, quase rítmicos – o conduzem ao Quartier Latin, um emaranhado de vielas estreitas e infectas. Eles o levam a descobrir tipos de pessoas que nunca

---

* Batalha do *Hernani*: combate estético acalorado suscitado pela representação da peça *Hernani*, de Victor Hugo, em 1830, que opôs, de um lado, os tradicionalistas ou clássicos, e de outro, os modernistas ou românticos. É considerada uma vitória do romantismo na França. (N.T.)

conhecera, criaturas que vivem encerradas – sem se lavar ou quase – na luxúria e no excesso.

É mais forte do que ele: precisa ao mesmo tempo do horror e do êxtase, do pecado e do perdão, do pesadelo e do sonho, da abjeção e da beatitude. Como se fosse um ser duplo, simultaneamente ele mesmo e seu fantasma: odiando a vida, alardeando contra ela e sua feiúra, abominando a existência e, ao mesmo tempo, estando sempre disposto a entusiasmar-se, a extasiar-se, a conquistar novas volúpias, a acreditar na beleza das coisas e na "eterna claridade".

Numa de suas caminhadas, certa noite, esbarra numa prostituta judia, Sara, chamada de Louchette Vesgueta, por causa de seu estrabismo. Ele frequenta sua casa por algum tempo, na Rue Saint-Antoine, e experimenta com ela as "volúpias do amor".

Será por causa dela, a pobre puta, que ele contrai a sífilis?

Por causa dela ou de outra, pouco importa! O certo é que, em 1840, Baudelaire começa a sofrer com terríveis dores na cabeça e no corpo, precisando recorrer às drogas, cada vez mais fortes, para diminuir suas dores.

Felizmente, na pensão onde mora – a pensão Bailly, dirigida por Emmanuel Bailly, um dos fundadores da Sociedade de São Vicente de Paulo –, na Place de l'Estrapade, ele tem a oportunidade de fazer amigos. Graças a um de seus colegas do Louis-le-Grand, ele conhece Gustave Le Vavasseur. Natural de Argentan, Le Vavasseur é dois anos mais velho. Nessa época, ele é um bom poeta menor e gosta de submeter seus poemas a Baudelaire para pedir sua opinião. Também gosta de atacar, sempre que pode, a memória de Napoleão, detestado e considerado um tirano sem escrúpulos.

Outro amigo de então conhecido na pensão Bailly é Ernest Prarond. Nascido em Abbeville cinco semanas depois de Baudelaire, ele também importuna as musas. Gosta de escrever fábulas, sem no entanto se preocupar demais com a gramática e a beleza de estilo.

Diferentemente de Auguste Dozon, que Baudelaire conhece no Louis-le-Grand e que, por sua vez, nascera em Châlons-sur-Marne em 1822. Dozon se dedica ao direito, mas é, também ele, poeta nas horas vagas.

O normando Le Vavasseur, o picardo Ernest Prarond, o champanhês Auguste Dozon, o parisiense Charles Baudelaire: o quarteto heterogêneo, espécie de comunidade literária e sentimental, sente-se pronto para remodelar, para reedificar a poesia francesa.

Em 24 de fevereiro de 1840, Baudelaire ousa, inclusive, exigir uma audiência com Victor Hugo em pessoa. Na carta que lhe envia, diz que teme cometer "uma impertinência sem igual", mas para se redimir explica que ignora "totalmente as convenções deste mundo" e que isso deveria tornar seu correspondente "indulgente" para com ele.

> Eu o amo como se ama um herói, um livro, como se ama puramente e sem interesses qualquer coisa bela. [...] Como o senhor já foi jovem, deve entender este amor que um livro desperta por seu autor, e esta necessidade que tenho de agradecer-lhe de viva voz e de beijar-lhe humildemente as mãos[2].

Esperando "com extrema impaciência" uma resposta que não chega, ele se aproxima dos meios literários mais ou menos constituídos e se liga a autores mais velhos que ele, como Édouard Ourliac, um dos colaboradores de Balzac, ou Hyacinthe de Latouche, um amigo de George Sand.

Ou ainda o lyonense Pétrus Borel, que atribuíra a si mesmo o sobrenome de Lycanthrope* e cuja obra pouco abundante fazia uso do fantástico desenfreado, na linha dos romances góticos ingleses de Ann Radcliffe e de Horace Walpole, como se pode perceber na sua coletânea de novelas góticas e apavorantes *Champavert* (1832), de subtítulo "Contos imorais", e seu romance *Madame Putiphar* (1839).

---

* *Lycanthrope*: licantropo, lobisomem. (N.T.)

Graças a Pétrus Borel, democrata por ódio aos burgueses e por... licantropia, Baudelaire também tem a possibilidade de cruzar, de tempos em tempos, com outra figura estranha, o enigmático Gérard de Nerval. Em 1840, Nerval tem apenas 32 anos, mas já traduzira diversos autores alemães, como Klopstock, Bürger, Schiller e, sobretudo, Goethe*. Além disso, ele colaborara diversas vezes com Alexandre Dumas e coassinara, no ano anterior, *Léo Burckhart ou une conspiration d'étudiants* e *L'Alchimiste*, um drama fantástico-alegórico que fora um grande sucesso.

Na maior parte das vezes, é nos cafés que Baudelaire vê Nerval, como no Divan Le Peletier, perto do Ópera. Ele o considera simpático e agradável. E se impressiona com a facilidade que este parece ter para escrever e alinhar textos sem sobrecarregá-los de rasuras ou de emendas.

---

* Gérard de Nerval traduziu o *Fausto* em 1828 e o *Segundo Fausto* em 1840. (N.A.)

Nos mares do sul

Quanto mais Baudelaire se acomoda à sua pequena vida de boêmio, mais as relações com a família se tornam difíceis. Cada vez que ele volta para ver o padrasto e a mãe, o clima é tenso e o diálogo é o mínimo possível. Mas Jacques Aupick, que conheceu os campos de batalha (inclusive Waterloo) e os rigores das guarnições, já domou outros. Ele ainda está convencido de que Charles uma outra hora voltará para os trilhos.

A tensão chega ao auge durante um jantar de gala, quando Charles comete uma impertinência na frente de todos e é severamente repreendido pelo general. Com isso, ele levanta da mesa e tem a audácia de declarar que estrangulará esse grosseirão que o criticou em público.

Aupick não é homem de fazer rodeios: ele esbofeteia o insolente Baudelaire. Este perde o controle, faz uma gritaria, se ridiculariza e é logo enviado para o seu quarto. Quando é autorizado a sair, ele descobre que deve prontamente partir em viagem. Tanto porque as viagens formam a juventude quanto porque Aupick não deseja que as repetidas explosões do enteado e sua demasiada liberdade de costumes prejudiquem o nome da família. Quanto a Caroline Aupick, ela só pode assentir, com um aperto no peito, à irrevogável decisão do marido.

Na primavera de 1841, Baudelaire chega a Bordeaux, onde, por recomendação de Aupick, é confiado ao capitão Saliz, que deve ir para Calcutá, na Índia, à frente do *Paquebot-des-Mers-du-Sud*. Este é um navio de três mastros e com um tombadilho de quatrocentos e cinquenta tonéis, levando poucos passageiros, em geral colonos, funcionários ou comerciantes.

Nesse mundo, nesse novo mundo, Baudelaire assume ares de príncipe. Ele destoa não só por sua elegância e por seus gestos refinados, mas também por sua lábia. Ele geralmente emprega uma linguagem grandiloquente, entregando-se a longos monólogos que surpreendem e escandalizam.

Suas extravagâncias seduzem, no entanto, uma bela negra que acompanhara uma família crioula até a França e voltava para seu país. A ligação dos dois choca a tripulação. Quando Baudelaire não está com ela, dorme num bote suspenso ao longo da amurada, com o peito desnudo sob o sol dos trópicos, pretextando estar com dor de estômago e só poder aliviar seus males dessa maneira. Para grande desespero de Saliz, encarregado de ensinar-lhe a vida rude e as privações dos marinheiros.

Tudo, ou quase tudo, se passa como se ele fosse um passageiro privilegiado, para não dizer um animal estranho. Ao mesmo tempo, quando uma terrível tempestade coloca o veleiro em perigo, ele demonstra ser capaz de ter bastante sangue-frio e de se adaptar às piores condições da natureza.

Em 1º de setembro de 1841, depois de 83 dias no mar, o *Paquebot-des-Mers-du-Sud* ancora na enseada de Port-Louis, a capital das Ilhas Maurício.

O âmbar, o almíscar, o benjoim, o incenso, a havana, a mirra... Os perfumes que Baudelaire descobre de repente embriagam seus sentidos – perfumes "frescos como a carne dos infantes, doces como o oboé, verdes como a campina", outros "dissolutos, ricos e triunfantes"[1], outros ainda mais fortes, "que os poros da matéria filtram" e que parecem penetrar "no cristal"[2]. Mas ele não se abandona a tais odores, ele os registra, os deixa vir até ele sem se preocupar se os seus efeitos serão duradouros ou não. De resto, a suavidade da ilha não corresponde exatamente às suas expectativas e Baudelaire logo se sente saturado.

Como prova de que não é um viajante normal, ele é recebido em Port-Louis por um casal de colonos franceses, Gustave e Emmeline Autard de Bragard, em sua propriedade do Quartier des Pamplemousses – onde Bernardin de Saint-Pierre situara, em 1788, a ação de *Paul et Virginie*. Ele não esconde que está animado com a poesia, que não para de escrever versos, que sonha em ter o mesmo destino de Victor Hugo. Isso leva Gustave Autard de Bragard a lhe pedir um poema em homenagem à sua mulher. Baudelaire tem mais vontade ainda de fazê-lo porque Emmeline é muito bonita e extremamente atraente. Em 20 de outubro, ele lhe envia um soneto sem título* cuja primeira quadra revela seu estado de espírito nas Ilhas Maurício:

> No inebriante país que o sol acaricia,
> Sob um dossel de agreste púrpura bordado
> E cuja sombra nosso olhar delicia,
> Conheci uma crioula de encanto ignorado**[3].

Depois de uma estada de três semanas em Port-Louis, Baudelaire vai a Saint-Denis, o porto da Ilha Bourbon. Novamente, ele é subjugado por uma mulher, mas dessa vez se trata de uma servente, uma malabarense vestida de "musselina". Ela tem a tarefa de acender o cachimbo do amo, de "os cântaros prover de águas frescas e odores", "do leito pôr em fuga insetos zumbidores", de fazer as compras no "bazar"[4]... Ela também lhe inspira um poema, bem como uma prostituta chamada Doroteia – uma "infanta mimada" que gosta de untar a pele com bálsamo olente e benjoim[5] e que ele vai visitar na pequena choupana onde ela mora, perto do mar.

Isso afasta Baudelaire de Sara, a Louchette.

A não ser que ele pense muito nela, que a compare incessantemente a esta Doroteia e à malabarense.

O fato é que, em 19 de outubro de 1841, o *Paquebot-des-Mers-du-Sud* parte para Calcutá sem Baudelaire. Ele está ansioso para voltar a Paris, para rever a mãe, para reencontrar os amigos poetas, as egérias e as mulheres de

---

* Esse soneto será batizado de *A uma dama crioula* e será publicado no *L'Artiste* em 1845 (a primeira poesia de Baudelaire publicada com seu nome), antes de ser anexado em 1857 a *As flores do mal*. (N.A.)

** Emmeline Autard de Bragard morreu aos 39 anos, em 1857, na mesma semana da publicação de *As flores do mal*. (N.A.)

vida fácil que o acompanham em sua busca da liberdade e do absoluto. E azar que isso não se enquadre nos planos do general Aupick!

Em 4 de novembro, ele parte a bordo do *Alcide*. Ele sabe que, se a travessia acontecer sem maiores incidentes, chegará a Bordeaux dentro de três meses.

A volta do filho pródigo

O mês de fevereiro de 1842 está chegando ao fim quando Baudelaire desembarca em Paris. Como uma carta do comandante Saliz o precedera, seus familiares já estavam preparados para recebê-lo – para acolher "o filho pródigo que retorna à família", como escreve Claude-Alphonse Baudelaire ao general Aupick, decidido a "fazer todo o possível para trazer esse coração extraviado de volta" ao caminho reto, não ignorando que "cada um neste mundo tem sua dose de dor, seu tempo de provação", e que os "desgostos domésticos", como as tempestades, "não podem durar para sempre".

As intenções do irmão *maior* são sem dúvida louváveis, mas ele parece esquecer que Charles está prestes a atingir a maioridade legal e que, consequentemente, terá o direito de tomar posse dos bens deixados pelo pai legítimo, quando da sua morte, em 1827.

De fato, após algumas semanas, as formalidades são preenchidas junto a Narcisse Désiré Ancelle e, de um dia para outro, Charles se torna senhor de sua fortuna. Isso lhe permite pagar uma parte de suas dívidas, alugar um apartamento térreo na ilha Saint-Louis, no nº 10 do Quai de Béthune, comprar móveis, quadros, belos livros encadernados e roupas caras, e não mais se afligir muito com despesas. Isso também lhe permite considerar sem preocupações, pelo menos a médio prazo, carreira de escritor.

Nesse ano de 1842, o meio literário francês está em plena efervescência. Alguns dos grandes *antigos* como Chateaubriand, Lamennais ou Nodier continuam vivos e ativos – e os monstros sagrados do romantismo não estão dispostos a ceder seus lugares aos mais novos, por mais fogosos, impacientes e capazes que estes sejam.

Balzac transborda de energia e produz sucessivamente – além do drama *Les ressources de Quinola* no Odéon, *La rabouilleuse*, *Mémoires de deux jeunes mariés*, *Autre étude de femme*, *La femme de trente ans*, *Albert Savarus* e *Um début dans la vie*; Hugo publica seu *Voyage sur le Rhin*; Sand, *Consuelo*; Musset, *Sur la paresse*; Soulié, *Marguerite* e *Eulalie Pontois*; Merimée, duas coletâneas, a primeira reunindo *Théâtre de Clara Gazul*, *La Jacquerie du règne de Charles IX*, *La Double méprise* e *La Guzla*; Sainte-Beuve, as *Poésies de Desbordes-Valmore*; Gautier, *La mille et deuxième nuit*; Gozlan, *Méandres*; Sue, *La Morne au diable*. Também é lançado, por iniciativa de David d'Angers, o fantasmático e tenebroso *Gaspar de la nuit*, de Aloysius Bertrand, morto no ano anterior aos 34 anos. A única grande sombra ao quadro é a morte de Stendhal em março, apesar de seu nome não ser dos mais conhecidos e sua obra nunca ter atraído multidões de leitores...

Essa efervescência literária também existe, em 1842, em outros países, particularmente na Inglaterra, onde Alfred Tennyson publica seus *Poems* em dois volumes; Robert Browning, *King Victor and King Charles*; Edward Bulwer Lytton, *Zanoni*; e Thomas Macaulay, *Lays of Ancient Rome*. Ou ainda na Rússia, onde Nicolas Gogol escreve três de suas obras-primas: *O casamento*, *O capote* e a primeira parte de *Almas mortas*.

É também nessa época que, na França, abundam as fisiologias*. São volumes no formato in-32 escritos num tom agradável, humorístico ou satírico, ilustrados com xilogravuras (algumas de Daumier e de Gavarni), populares desde 1841, que abordam os temas mais variados: o pároco da província, o guarda nacional, a porteira, o caçador, o trapaceiro, o poeta, o sedutor, as vendedoras de lojas, o provinciano em Paris, o marido enganado, o beberrão, o estivador... Também existem volumes sobre o tabaco, o guarda-chuva, o chapéu de seda e o chapéu de feltro, a higiene da barba e do bigode, o ônibus, a imprensa, o sol, o trocadilho, a noite de núpcias...

---

* Serão mais de 130 fisiologias até 1844. (N.A.)

Publicados inicialmente pelos editores Aubert e Lavigne, esses pequenos livros em geral transmitem às pessoas uma imagem simpática das coisas. Eles são reconhecidos por suas capas amarelo-claras e uma quinzena deles é redigida por autores de renome. Dentre eles, ao lado de Frédéric Soulié (*Physiologie du bas-bleu*), de Henri Monnier (*Physiologie du bourgeois*), de Louis Huart (*Physiologie de la grisette*, entre outros), de Paul de Kock (*Physiologie de l'homme marié*) ou do bibliófilo Jacob, vulgo Paul Lacroix (*Physiologie dês rues de Paris*), figura Balzac com sua *Physiologie de l'employé*, volume ilustrado por Trimolet[1].

Baudelaire idolatra o autor de *A comédia humana*. Ele o considera um visionário extraordinário e "apaixonado[2]", capaz de dotar de gênio cada um de seus personagens – inclusive as porteiras –, um dos maiores homens do século. No entanto, apesar de algumas vezes cruzar com ele, os dois não mantêm laços de amizade. Ele se sente mais à vontade com os jovens ambiciosos de sua geração.

É o caso de Félix Tournachon, que seus camaradas apelidaram de Tournadar depois que ele adquiriu o engraçado e divertido hábito de terminar todas as palavras com *dar*. Nada de dizer, por exemplo, "*Il n'a pas le sou*" [Ele não tem dinheiro], mas sim "*Ildar n'adar pasdar ledar soudar*" [Eledar nãodar temdar maisdar dinheirodar][3]. Primeiro, ele foi chamado de Félix Tournachon Tournadar e, depois, por abreviação e comodidade, apenas de Nadar.

Nadar tem várias coisas em comum com Baudelaire. Ele é natural de Paris, nasceu no início do mês de abril – no dia 6, mas em 1820, portanto um ano antes –, passou três anos em Lyon e ali fez uma parte de seus estudos, ama escrever e desenhar, é ambicioso, tem audácia, gosta de excentricidades e é bastante mulherengo.

Como também se sente atraído pelo teatro, desde muito jovem ele envia resenhas de peças a diversas publicações periódicas, esperando destacar-se no jornalismo e um dia fazer dele seu ofício. Contratado pela *Revue et Gazette dês théâtres* aos dezoito anos, ele é encarregado de cobrir os espetáculos de três salas da *rive gauche*, os teatros do Luxembourg, do Panthéon e Saint-Marcel. Seus artigos são inicialmente assinados com seu sobrenome e depois, sua alcunha tornando-se cada vez mais conhecida, simplesmente com Nadar.

No fim de 1838, ele se revela dos mais entusiastas ao descobrir no teatro da Porte-Saint-Antoine a atriz mulata de cerca de trinta anos Jeanne Duval num pequeno papel de *Système de mon oncle*, um sainete do vaudevilista Pierre-Charles-Auguste Lefranc, um dos colaboradores de Eugène Labiche. Ele logo trata de conquistá-la e, em seguida, sair com ela e apresentá-la a todos os seus amigos.

Estes são quase todos autores principiantes. Eles têm consciência de serem os herdeiros diretos da geração romântica e buscam de modo confuso novas vias artísticas, ao mesmo tempo em que sofrem com essa espécie de opressiva inação que frequentemente segue os períodos de guerras e revoluções. Seus gabinetes de trabalho se localizam preferencialmente nos cafés, onde eles se reúnem às nove horas da manhã para sair somente depois da meia-noite. Alguns leem, outros tocam; alguns tentam escrever, um pouco ao acaso, ou não hesitam, como o pintor Antoine Fauchery, em se instalar numa mesa com seus "utensílios de gravador" e assim se entregar em público a sua "tarefa cotidiana[4]".

Nadar, fronte larga e cabeleira ruiva, é de certa forma o chefe do grupo que inclui, notadamente, Champfleury (que no registro civil se chama Jules-François-Félix Husson), Pierre Dupont, Émile Deroy, Eugène Labiche, Henri Murger, Albéric Second, Leon Noël, Eugène Manuel, Jules de La Madelène, Louis Ulbach, bem como Charles Barbara – escritores ou pintores também nascidos no início dos anos 1820 (com exceção do loquaz Eugène Labiche, do prolífico Albéric Second e do atormentado Charles Barbara).

Baudelaire não demora em juntar-se a eles. E menos ainda a sentir-se atraído por Jeanne Duval. Ele acha sua beleza lânguida, com seus olhos lascivos, os seios pequenos, as ancas largas, a pele morena e lisa e, principalmente, seu porte felino, seu andar elástico de "serpente que dança". Porém, nas primeiras vezes em que ele a vê, ela o inibe um pouco e, apesar de obcecá-lo, ele não ousa amá-la demais e se deixar dominar de imediato por suas profundas pulsões eróticas.

No grupo de Nadar, há também Théodore de Banville. Nascido em Moulins, em 1823, muda-se para Paris com sete anos e, desde então, sente paixão por tudo o que se passa nas ruas da capital e pelos espetáculos populares, como os teatros ambulantes, as feiras, os palhaços, os músicos, os cantores ou os mímicos. Literariamente, é o mais precoce de todos, pois sua primeira coletânea de poemas, *As cariátides*, é publicada nesse rico ano de 1842 e logo recebe inúmeros elogios.

Baudelaire mergulha no livro "com espanto" e fica maravilhado que um autor tão jovem tenha conseguido juntar "tantas riquezas[4]". E ele fica feliz que não apenas seu *entourage* literário, mas também os "homens encarregados de moldar a opinião dos outros" saudassem em Banville o nascimento de um autêntico poeta.

Pequenos versos entre amigos

No grupo de Nadar, nem todos agradam a Baudelaire. Apesar de não ter muita afinidade com Louis Ulbach e Eugène Labiche, ele se entende bastante bem com Pierre Dupont (mesmo achando que nem todas as suas obras poéticas são de "gosto acabado e perfeito") e Charles Barbara, quatro anos mais novo, um dos mais fervorosos admiradores dos contos de Hoffmann e das obras fantásticas de Pétrus Borel e Théophile Gautier.

Da mesma forma, ele se entende extremamente bem com Émile Deroy, que considera um notável pintor e cujo ateliê seguidamente visita, perto de seu apartamento, na ilha Saint-Louis. Ele também se sente bastante próximo de Champfleury, sobretudo por causa de suas preferências artísticas comuns e seu interesse compartilhado pela caricatura, sendo Daumier a seus olhos – seus olhos de esteta – a suprema referência.

Contudo, Baudelaire não esquece seus camaradas da pensão Bailly. Ele os recebe em seu apartamento do Quai de Béthune e depois, após breve passagem pela Rue Vaneau, no belo Hôtel Pimodan, no Quai d'Anjou, isto é, ainda na ilha Saint-Louis, mas dessa vez em frente à *rive droite* do Sena. O imóvel de aparência austera fora construído em 1650 e suntuosamente equipado, alguns anos mais tarde, pelo duque de Lauzun. Desde 1779, ele pertencia à família Pimodan, da qual certos membros, dizem, teriam conseguido escapar da polícia revolucionária utilizando uma comporta secreta que comunicava diretamente os subterrâneos ao rio.

Baudelaire ocupa, no sótão, um aposento bastante exíguo, composto por várias pequenas peças com janelas com vista para o Sena – todas uniformemente forradas com um papel acetinado de enormes folhagens vermelhas e pretas combinando com os cortinados de um pesado damasco antigo; peças que ele decora e mobilia segundo seu gosto, com uma elegância voluptuosa e feroz. E é fácil fazê-lo porque no próprio térreo do imóvel um certo Arondel, meio-antiquário, meio-bricabraquista, compra e vende objetos de arte, às vezes bugigangas, na maioria bibelôs de qualidade, móveis preciosos e quadros de mestres.

No início, Baudelaire, em quem a volúpia sempre vem acompanhada pelo luxo, não poupa para adquirir tudo o que o encanta e agrada. Muitos menos com a notável série de *Hamlet* litografada por Delacroix e edições antigas de poetas franceses e latinos, magnificamente ornadas com encadernações em couro executadas por grandes artistas, que ele coloca não sobre a estante de uma biblioteca, mas deitadas num armário bem fundo. Sua prodigalidade é tanta que sua mãe, seu meio-irmão e o general Aupick começam a ficar preocupados e cogitam seriamente a nomeação de um curador para encarregar-se da administração de seus bens.

A vida de grande senhor não o distrai em nada da escrita. Pelo contrário, Baudelaire se torna inclusive cada vez mais exigente, cada vez mais ávido de compor poemas que traduzam sensações e experiências reais e que não sejam, pelo menos não mais, apenas brilhantes exercícios de estilo ou imitações mais ou menos bem-sucedidas. Ele continua, no entanto, a escrever pequenas peças ocasionais com os amigos e colabora anonimamente na realização de uma coletânea coletiva. A obra, intitulada *Versos* sem nenhuma pretensão, é publicada por conta dos autores em 1843 na Hermann Frères. Ela é assinada por Gustave Le Vavasseur, Ernest Prarond e Auguste Argonne, o pseudônimo escolhido por Auguste Dozon.

Com o mesmo Prarond, Baudelaire participa também do projeto de um drama, *Idéolus*. Juntos, eles corrigem muitas vezes o texto. Os dois sabem que o teatro pode ser a antecâmara da glória, que um sucesso nos palcos conduz a copiosos ganhos materiais. Eles não pensam tanto em Victor Hugo ou Alexandre Dumas quanto em François Ponsard, que triunfa na Comédie-Française com a tragédia *Lucrèce*, ou em Eugène Labiche – que estreara em 1837, com apenas 22 anos, e imediatamente recebera o reconhecimento do público. Mas eles acabam abandonando o projeto.

Incessantemente buscando expandir o círculo de suas relações, Baudelaire também se aproxima do meio esotérico-político de Alphonse Louis Constant. Este é cinco anos mais velho. Depois de tornar-se padre, colocara na cabeça ideias de solidariedade e de progresso, uma ideologia híbrida que combinavam cristianismo, socialismo e fourierismo e que preconizava o culto da mulher – uma ideologia que lhe vale, primeiro, a amizade de Flora Tristán*, depois a reprovação pelas autoridades católicas e, logo, sua excomunhão.

Constant é um homem instruído e possui os talentos mais diversos**. Dependendo das circunstâncias, ele pode mostrar-se muito profundo ou muito superficial, desenvolver um discurso brilhante e, logo depois, afirmar besteiras e trivialidades. Em suas pesquisas e reflexões, não negligencia a magia, a teosofia, o magnetismo, a cabala, as artes divinatórias. Ele se alia a Auguste Le Gallois, que geralmente edita obras pouco ortodoxas, e publica em 1841 três volumes: *Doctrines religieuses et sociales*, *L'Assomption de la femme ou le livre de l'amour* e *La bible de la liberté*. Por causa deste último, é perseguido pelos tribunais e condenado a oito meses de prisão***. Ele também é um excelente pintor.

Semelhante personalidade só pode encantar Baudelaire, sempre à espreita de sensações novas, de experiências fora do comum. Tanto mais que, graças a Constant, ele tem a possibilidade de aumentar ainda mais o círculo de suas relações e conhecer outros escritores, dentre os quais Georges Mathieu, chamado Georges Dairnvaell, Alexandre Privat

---

* *Flora Tristán* (1803-1844): escritora e ativista socialista, uma das fundadoras do feminismo moderno. (N.T.)

** Alphonse Louis Constant (1810-1875) se tornará célebre sob o pseudônimo de Eliphas Lévi e com suas duas principais obras esotéricas, *História da magia* (1860) e *Dogma e ritual da alta magia* (1861). (N.A.)

*** A obra foi publicada sob a insígnia de Cazel Éditeur, mas tudo indica que Auguste Le Gallois foi seu organizador. (N.A.)

d'Anglemont, um antilhano, ou ainda Alphonse Esquiros. Esquiros é o autor de *Magicien*, publicado em 1838, um dos melhores romances góticos de língua francesa, e remete regularmente à revista *L'Artiste* algumas de suas novelas de inspiração fantástica, como *Château enchanté* ou *Ebn Sina*.

Constant, Dairnvaell, Privat d'Anglemont, Esquiros, Baudelaire e tantos outros. Todos colaboram no *Mystères galants des théâtres de Paris*, uma coleção bastante heterogênea publicada em março de 1844. A capa e a página de rosto são de Nadar e representam um ogro cornudo, com a boca bem aberta. Quanto aos "mistérios", são antes mexericos e alfinetadas a atrizes e autores de sucesso como François Ponsard, cujo *Lucrèce* arrebatara o primeiro lugar do *Burgraves* de Victor Hugo. Não sem certa dose de autozombaria, pois Constant, sem dúvida preocupado com sua publicidade, deixa-se troçar por seus confrades.

"A serpente que dança"

Baudelaire consegue dominar pouco a pouco a inibição sexual diante de Jeanne Duval, o terror de fazer amor com ela. Quando finalmente a supera, é para descobrir com essa mulher prazeres carnais que jamais experimentara. São, na verdade, prazeres mais agudos "que os do gelo e do ferro", pois a "beleza infeliz" de Jeanne, sua "altivez nativa", seu olhar armado de "intensa luz e de graças", seu "cabelo a servir-lhe de elmo perfumado", suas "pupilas", lhe parecem frios[1].

No entanto, é através de suas atitudes quase glaciais ou desdenhosas que Jeanne lhe proporciona uma volúpia completa e esmagadora. Ela sabe de longa data que é hábil no amor e que tem experiência suficiente para responder a todos os desejos, à menor fantasia, à mais baixa *mania* desse homem exaltado que acaba de cair sob seu jugo. Para provocá-los ainda mais. Para fingir compartilhar com ele, quando necessário, os mesmos apetites eróticos, as mesmas ignomínias, o mesmo êxtase na luxúria.

Ela sabe por instinto o que o excita, o que o inflama. Ela sabe que é diferente das outras mulheres que ele conhecera, apenas dóceis e gentis parceiras ocasionais. Inclusive as profissionais das casas de tolerância e as pobres prostitutas colhidas ao acaso nas ruas. Ela sabe que, comparada a todas essas moças, é uma depravada. Que está se tornando "sua única distração*[2]".

Como também quer ser submissa, se necessário até o silêncio, Jeanne aceita não participar mais do mundo teatral. Com a condição, no entanto, de que Baudelaire fosse capaz de encarregar-se dela e prover suas necessidades.

Ele está disposto a fazê-lo, sim, mas não quer com isso colocar sua independência em perigo, nem renunciar a suas ambições literárias. Ele tem dificuldade em imaginar uma mulher, vinte quatro horas por dia a seu lado, à sua sombra,

---
* As palavras são de Théodore de Banville. (N.A.)

no mesmo apartamento que ele, entre seus papéis e seus livros. Mais ainda: a ideia de casamento lhe arranca um "riso de desprezo[3]".

Por sua vez, Jeanne também não tem a menor vontade de morar com um fenômeno como ele, alguém que passa a maior parte de seu tempo preenchendo páginas em branco, espalhando cá e lá discursos disparatados, frequentando ricos e poetas cujos escritos ela não compreende e que têm aspirações às quais ela se sente completamente estranha.

Baudelaire encontra a solução: hospedar Jeanne num imóvel vizinho, bem perto do seu, para poder visitá-la à noite com bastante facilidade. Assim, ele poderá continuar vivendo a seu bel-prazer no Hôtel Pimodan.

Ele descobre um pequeno apartamento na Rue de la Femme-sans-tête e ali instala Jeanne. Ele compra louças, móveis, bibelôs, panos e aproveita para reservar para si os objetos mais preciosos que, é claro, compra de Arondel. Este, que ficara sabendo, como todo mundo, que Baudelaire possuía uma pequena fortuna, lhe oferece antiguidades cada vez mais raras e, portanto, cada vez mais caras, bem como quadros de mestres: Tintoreto, Correggio, Poussin. Falsos, evidentemente.

Impossível resistir. Tanto que Baudelaire é obrigado a endividar-se. Ele pega dinheiro emprestado de Arondel, assina promissórias às cegas, sem realmente saber o que faz nem que corre risco.

É demais para a Sra. Aupick. Em julho de 1844, ela inicia oficialmente um processo para a instalação de uma curadoria. Recebe o apoio de Claude-Alphonse e de Ancelle, mais do que nunca dedicado a defender a reputação e a memória do falecido Joseph-François Baudelaire. Um conselho familiar se reúne e decide que Charles, "chegado à maioridade, tornando-se senhor de sua fortuna, entregou-se às mais loucas prodigalidades", que "no espaço de aproximadamente dezoito meses ele dissipou quase a metade de sua fortuna" e que "os fatos mais recentes permitem temer que o restante do patrimônio seja completamente consumido se houver a menor demora em colocá-lo sob a tutela de um curador[4]".

Em 21 de setembro de 1844, Ancelle é nomeado para a função. Baudelaire, humilhado, tem o direito de recorrer, mas, temendo entrar em conflito com a mãe, se abstém.

Seu consolo, o remédio para aquilo que considera uma infâmia, é Jeanne. Jeanne, sua "bizarra divindade", sua "feiticeira sombria", seu "demônio impiedoso", sua "megera sensual"[5]. Ela é seu "leito infernal".

Seu recurso, seu *socorro*, são os poemas, os poemas ardentes que ele escreve então, os quais retoca e aperfeiçoa incessantemente – poemas terrivelmente íntimos que afirmam, com um sincretismo inaudito, o prazer dos sentidos e o ódio, a vertigem do amor e o desgosto de amar. De mal-amar. De não poder amar sem dor. De estar à mercê de um vampiro.

> Tu que, como uma punhalada,
> Em meu coração penetraste,
> Tu que, qual furiosa manada
> De demônios, ardente, ousaste
>
> De meu espírito humilhado
> Fazer teu leito e possessão
> – Infame à qual estou atado
> Como o galé ao seu grilhão,
>
> Como ao baralho o jogador,
> Como à carniça o parasita,
> Como à garrafa o bebedor
> – Maldita sejas tu, maldita!
>
> Supliquei ao gládio veloz
> Que a liberdade me alcançasse,
> E ao veneno, pérfido algoz,
> Que a covardia me amparasse.
>
> Ai de mim! com mofa e desdém,
> Ambos me disseram então:

"Digno não és de que ninguém
Jamais te arranque à escravidão.

Imbecil! — se de teu retiro
Te libertássemos um dia,
Teu beijo ressuscitaria
O cadáver de teu vampiro!"[6]

Ela é realmente uma maldita vampira, a messalina de grandes "olhos negros". Apesar de sustentada por Baudelaire, continua a ver outros homens e a vender-lhes seus encantos. Ela, inclusive, não tem escrúpulo algum em se deixar levar pelo primeiro que passar. Nem em receber seus clientes passageiros na Rue de la Femme-sans-tête.

Uma noite, Baudelaire a surpreende com seu cabeleireiro. Ele fica furioso, mas é apegado demais a ela, sexualmente preso demais ao que ela oferece para odiá-la por mais de dois ou três dias!

A cabeça cheia de turbilhões

Os locatários do magnífico Hôtel Pimodan, no Quai d'Anjou, são na maioria boêmios e diletantes. Notadamente Roger de Beauvoir, cujo romance deveras dramático *L'écolier de Cluny*, publicado em 1832, daria a Alexandre Dumas a ideia para *La tour de Nesle* e cujas colaborações para jornais e revistas (crônicas, contos, impressões de viagem), da *Revue de Paris* a *La Caricature*, passando pelo *Le Globe*, *La Mode* ou *Le Figaro*, são incontáveis[1]. Ou ainda o pintor Joseph-Fernand Boissard, chamado de Boisdenier, um aluno de Antoine Gros e de Eugène Delacroix. Suas qualidades artísticas são genuínas e ele também é bom violinista, bom conversador e bom anfitrião. Boissard gosta de fazer discussões, *fantasias*, em sua casa, antes de oferecer a seus hóspedes haxixe – este

> doce verde, singularmente perfumado, de tal maneira que provoca uma certa repulsa, como o faria qualquer odor fino levado à sua máxima força e densidade[2].

Haxixe de que cada conviva paga sua parte e que convém diluir em café preto muito quente, café turco, e tomar em jejum para evitar vômitos, visto que o alimento sólido conflita com a droga. O suficiente para ficar, depois de um momento de alegria enlanguescedora, com "a cabeça cheia de turbilhões". O suficiente para descobrir as metamorfoses e os "equívocos mais singulares" e constatar que os sons têm uma cor e que as cores têm "uma música"[3].

Não é qualquer um que frequenta o belo apartamento ocupado por Boissard e seu faustoso salão de música decorado com espelhos, painéis de madeira pintados e sedas de Lyon. É um clube cujos participantes são selecionados a dedo, pintores ou desenhistas em sua maioria, como Delacroix, Daumier (que mora no Quai d'Anjou), Ernest Meissonier (seu ateliê fica no Quai de Bourbon), Paul Chenavard, Louis Steinhel ou Tony Johannot, mas também médicos e escritores de renome, como Alphonse Karr, cujos panfletos publicados desde 1839 sob o título genérico de *Les Guêpes* todos gostam de ler, Henri Monnier, conhecido por seus sainetes que colocam em cena o personagem realista Joseph Prudhomme, Gérard de Nerval, geralmente acompanhado por Théophile Gautier, quando este está livre entre duas viagens, duas críticas dramáticas, duas novelas, dois romances, dois poemas, duas refeições ou duas mulheres.

Para Baudelaire, frequentador do Clube dos Haxixeiros de Boissard, encontrar Théophile Gautier é um sonho acalentado há muito tempo, desde que ficara obcecado pela poesia. Ele o admira tanto quanto a Victor Hugo. Ele admira o homem que soubera, envolto em sua camisa vermelha, a cabeleira caindo pelas costas, conduzir os entusiastas do romantismo à batalha do *Hernani* em 1830. E ele admira a maior parte de suas obras. Principalmente *Les jeunes-France*, por seu aspecto insólito e trocista, bem como *Mademoiselle de Maupin*, cujo prefácio é um extraordinário manifesto expondo alto e claro que a arte e a moral, a literatura e a virtude têm absolutamente nada em comum. Sem esquecer as coletâneas poéticas *Albertus* e *La Comédie de la mort*, repletas de imagens frenéticas e macabras.

Théophile Gautier também o atrai por seu não conformismo. Baudelaire fica impressionado com seus cabelos longos e macios, seu porte nobre e indolente, seu olhar cheio de devaneios felinos, seu epicurismo mesclado de ceticismo, sua relativa frieza – ou melhor, essa espécie de distância que ele coloca entre suas emoções e seus pensamentos, suas sensações mais profundas e a maneira objetiva como fala disso em seus múltiplos escritos.

Sem dúvida, há encenação na atitude do autor de *Jeunes-France*, mas não é ruim, segundo Baudelaire, conciliar o ser e o parecer. Pois o dândi é o singular opondo-se ao plural, aquele que exalta sua diferença, sua riqueza intelectual, e que não tem medo de exibir publicamente seus sinais externos. Ao mesmo tempo, é aquele que fica impassível diante dos ataques de que é vítima em meados desses anos de 1840, cada vez mais voltados para os ideais de uniformização e progresso[4].

Uma pequena obra recém-publicada conforta Baudelaire quanto à escolha desse modo de viver: *Du dandysme et de G. Brummel*. Assinada por Jules Barbey d'Aurevilly, então com quase 36 anos, teve apenas 250 exemplares editados em Caen. O suficiente, no entanto, para interessar a um círculo informado de estetas e para garantir a seu autor uma reputação de escritor tradicionalista e excêntrico.

Se Baudelaire aprecia suas teses, é em grande parte porque elas correspondem muito às suas aspirações pessoais e porque não pregam a rebelião total, tendo o dândi a atraente particularidade de troçar das regras e, ao mesmo tempo, respeitá-las.

> Ele sofre – escreve Barbey d'Aurevilly – e se vinga suportando-as; ele as reclama quando escapa; ele as domina e é dominado sucessivamente: duplo e mutável caráter! Para seguir esse jogo, é preciso ter a seu serviço todas as suavidades que constituem a graça, como as nuances de um prisma que formam uma opala ao se reunirem[5].

Baudelaire se comporta como tal, revela com ostentação seu gosto pelo luxo, desenha ele mesmo as roupas que deseja usar. E ele as manda fazer nos melhores alfaiates de Paris, mesmo dispondo apenas de uma modesta renda entregue todos os meses por Ancelle, o notário mais minucioso e íntegro do mundo.

Seu traje preferido é a veste negra com rabo de peixe, o paletó reto de lã, a camisa branca de tecido fino com o colarinho bastante caído, a gravata vermelha, vermelho-sangue, o chapéu alto, as luvas de seda rosa, a bengala com punho de marfim.

Seja percorrendo os bairros chiques, seja perdendo-se por ruas repugnantes e de má fama, no coração do Marais, ou visitando os salões de pintura, ele é sempre o mesmo: sempre bem-vestido, sempre elegante, sempre cínico. Ele muda apenas, dependendo do seu humor, o penteado, ficando ora cabeludo e barbudo, ora bem-escanhoado e de cabelos curtos. Parece um Byron vestido por Brummel, disse-lhe uma noite o amigo Le Vavasseur no Café Tabourey, na esquina do teatro Odéon.

Cumprimento, gozação ou exagero, Baudelaire não se importa. É com essa roupa que, numa bela manhã de janeiro de 1844, ele se apresenta, em companhia de Privat d'Anglemont, na redação do *L'Artiste*. Criado em 1831, esse notável jornal de literatura e belas-artes é dirigido desde 1843 por Arsène Houssaye, um amigo de Théophile Gautier e de Gérard de Nerval. Houssaye é a própria encarnação do burguês homem de letras. Sua primeira coletânea de poesias, *De profundis*, fora publicada em 1834, antes de completar dezenove anos. Ele é um autor tão habilidoso que recentemente escreveu um romance à maneira dos contistas do século XVIII, *L'Arbre de science*, fazendo todos acreditarem que se tratava de uma obra póstuma de Voltaire.

A Houssaye também não falta discernimento. Ele fica encantado com o poema *A uma dama crioula*, que Baudelaire lhe apresenta esperando sua publicação, a estreia de um texto assinado. É o que acontece no *L'Artiste* de 25 de maio. Mas com uma assinatura que muitos têm dificuldade de entender: Baudelaire-Dufaÿs.

Como que para se afastar ainda mais do general Aupick.

Luz e trevas

Baudelaire não se contenta em reunir em casa belos quadros; ele os examina de perto, os analisa, procura por todos os meios saber por que um pintor o toca ou comove e por que outro o deixa indiferente ou o arrepia.

A pintura, na verdade, é o universo em que ele se sente melhor, bem como o desenho e a caricatura. E é um universo que lhe é familiar, quase natural, desde que ele vira seu pai pintar guaches e cercar-se de artistas. Ele aprecia Bassano, Poussin, Velásquez, El Greco...

Aliás, os pintores são numerosos em suas próprias relações. A começar por Émile Deroy, que fez seu retrato no Hôtel Pimodan durante algumas breves sessões noturnas, bem como os retratos de Privat d'Anglemont e do pai de Banville.

Graças ao haxixeiro Joseph-Fernand Boissard, conhece o artista que ele situa no ponto mais alto de seu panteon particular, o deus vivo da arte romântica: Eugène Delacroix. Ele o vê, "decididamente", como "o pintor mais original dos tempos antigos e dos tempos modernos", um pintor que não mente, que não engana seus admiradores, como outros "ídolos ingratos[1]". O culto dos grandes homens – Hugo, Balzac, Sainte-Beuve, Gautier e agora Delacroix – é uma sutil estratégia de Baudelaire, que só tem 24 anos e tenta compor sua notoriedade por etapas sucessivas, mas ainda não publicou um único livro.

A oportunidade para remediar isso é encontrada exatamente nesse universo dos artistas durante o Salão de 1845. Ele decide fazer uma resenha detalhada e agrupar suas anotações num pequeno volume que logo é editado por Jules Labitte, no nº 3 do Quai Voltaire. Ele assina com o nome de Baudelaire-Dufaÿs, como o fizera no soneto *A uma dama crioula* no *L'Artiste*, também no mês de maio de 1845. Na introdução, esclarece como levara a cabo seu projeto:

> *Nosso método de discurso* consistirá simplesmente em dividir nosso trabalho em quadros de história e retratos – quadros de gênero e paisagens – escultura – gravuras e desenhos, e em classificar os artistas de acordo com a ordem e o grau que lhes atribuiu a estima pública[2].

Com essa maneira unilateral de proceder, essa ideia preconcebida, Baudelaire começa seu panorama, nem é preciso dizer, com Delacroix, que enviou ao Salão, neste ano de 1845, quatro quadros: *Madalena no deserto*, obra de um grande "harmonista"; *Últimas palavras de Marco Aurélio*, "um dos espécimes mais completos do que pode o gênio na pintura"; *Uma sibila que mostra um ramo dourado*, "de bela e original cor" e, por último, *O sultão do Marrocos rodeado de sua guarda e de seus oficiais*, cujas harmonias possuem, aos olhos de Baudelaire, uma "grande elegância musical".

Seguem observações mais ou menos longas e apreciações mais ou menos justas sobre artistas como Horace Vernet, William Haussoullier, "a parte capital da Exposição" depois dos "maravilhosos" quadros de Delacroix, Robert Fleury, Achille Deveria, Victor Robert, Théodore Chassériau, que um dia poderia tornar-se um pintor "eminente", Auguste Hesse, Joseph Fay, Léon Cogniet, Hippolyte Flandrin, Ernest Meissonier, Philippe Rousseau, Henriquel Dupont ou Camille Corot, situado "à frente da escola moderna de paisagem" e capaz de ser "colorista com uma gama de tons pouco variada".

Através dessas diversas críticas, 102 no total, Baudelaire mostra que é bastante apegado a uma estética pictórica clássica e que, em Delacroix, ele não celebra tanto o pintor da modernidade quanto o artista que conduz a pintura antiga a uma última e magnífica incandescência[3]. Delacroix, aliás, nunca escondeu seus amores pelo século XVIII, inclusive no campo literário e musical, defendendo Voltaire, Casanova, Cimarosa, Mozart ou Haydn, reprovando Beethoven e detestando acima de tudo Hugo, Balzac, Berlioz ou Verdi, criadores que, de seu ponto de vista, recusam a claridade e a simplicidade e exploram demais o excesso e o empolamento.

Graças ao *Salão de 1845*, Baudelaire conhece um outro Charles. Depois de Charles Barbara, eis Charles Asselineau. Os dois sentem uma empatia recíproca e logo descobrem gostos comuns, especialmente o amor por livros antigos, textos raros ou desconhecidos, encadernações finas – e mesmo o gosto por certo preciosismo e arcaísmo.

Parisiense de nascença e colega de Nadar no Collège Bourbon, Asselineau tem um ano a mais que Baudelaire. Como este, ele aprecia muito a obra de Théophile Gautier, mas o Gautier de *Les Grotesques* e o Gautier "fantastiqueiro", um termo que este inventara num estudo dedicado a Hoffmann, o Gautier de *La Morte amoureuse*, magnífica novela publicada pela primeira vez no *La Chronique de Paris* em 1836 e que acabara de ser lançada em livro[4].

No *Journal des théâtres*, Asselineau evoca em tom amigável o *Salão de 1845*, mas não se demora nele. Ninguém se apressa, de resto, nas gazetas e revistas, em falar desse primeiro livro e Baudelaire é fortemente afetado por isso.

O que agrava seu despeito e seu sentimento de fracasso é que ele tem de novo atrozes dores de cabeça e de estômago. E ele nunca se conforma por ter sido colocado sob tutela judicial.

Uma noite, num cabaré da Rue Richelieu onde levou Jeanne, ele fere o próprio peito com um leve golpe de punhal. Não sem antes tomar a precaução de enviar uma carta para Ancelle enumerando as razões pelas quais atentaria contra a própria vida. "Eu me *mato* – sem *desgosto*", escreve ele.

Ele diz que as dívidas que contraiu jamais foram um *desgosto* e que se suicida porque a vida se tornou um fardo para ele. Porque ele não pode mais viver. Porque ele se considera "imortal". Ele acrescenta que deixa para Jeanne Duval tudo o que possui, pois ela foi a única pessoa junto a quem encontrou "algum descanso".

Porque, escreve ele ainda, seu irmão nunca esteve *dentro* dele e *com* ele. E porque sua mãe não tem necessidade alguma de seu dinheiro, já que tem um *marido*, um *ser humano*, uma *afeição* – palavras que ele sublinha. Depois conclui:

O senhor pode ver agora que este testamento não é uma fanfarronada, nem uma afronta às ideias sociais e familiares, mas simplesmente a expressão do que resta em mim de humano – o amor e o desejo sincero de servir uma criatura que foi algumas vezes minha alegria e meu descanso[5].

Quanto a seus manuscritos, ele os lega a Banville.

Mas se trata de uma encenação, uma farsa de suicídio, seu ferimento é na verdade inofensivo.

Socorrido pelos seus, Baudelaire deixa o Hôtel Pimodan no fim do mês de setembro de 1845 e decide ir morar por algumas semanas na casa da mãe e do general Aupick, ricamente instalados na Place Vendôme desde que este último, em novembro de 1842, fora nomeado comandante do departamento do Sena e da divisão de Paris.

Tempo suficiente para ele perceber mais uma vez que entre a vida deles e a sua não há realmente pontos de convergência.

Para quem quer ouvi-lo ou pergunta por que mais uma vez ele deixou a família, Baudelaire conta que só se bebe bordeaux na casa de sua mãe e que ele não pode passar sem um bourgogne...

O amor... sempre

Depois de sua partida apressada da Place Vendôme, Baudelaire passa de um imóvel a outro, de um hotel a outro. Rue Corneille, Rue Laffitte, Rue de Provence, Rue Coquenard, Rue de Tournon, perto do Senado e, portanto, no *velho* bairro de sua infância...

São meses difíceis, semanas de dúvida e indecisão.

Ele fizera bem em querer se tornar um *autor*?

Ele se questiona. Como se precisasse lançar a si mesmo num desafio decisivo, inscreve-se na École des Chartes, na seção da Biblioteca do Rei. Ele é encorajado por Asselineau, muito interessado por esse tipo de estudos, mas no último instante não se apresenta para o exame dos alunos do primeiro ano.

De volta a seus "trabalhos de autor", ele começa a fazer a triagem de numerosos poemas que escrevera desde a volta de seu périplo africano, classificando-os numa ordem mais rigorosa, com vistas a reuni-los num volume que deseja intitular *As lésbicas*.

Ele fala com Jules Labitte, o editor do *Salão de 1845*, que também publicara, no ano anterior, o poema *Les Deux anges* de Pierre Dupont e que se diz disposto a editá-lo. Porém, Baudelaire está cheio de escrúpulos. Ele prefere confiar alguns de seus poemas e sonetos a Privat d'Anglemont e o autoriza a assiná-los com seu belo patrônimo. E Privat d'Anglemont se apressa em remeter a Arsène Houssaye e ao *L'Artiste* quatro dentre eles como se fossem seus: *À Madame du Barry*, *À Yvonne Pen-Moor*, *Avril* e *À une belle dévote*.

Apesar de mudar frequentemente de domicílio, Baudelaire volta mais de uma vez ao Hôtel Pimodan. Primeiro, porque seus móveis, seus quadros e seus livros com belas encadernações de couro ainda estão lá, esperando que o apartamento seja esvaziado e que um novo locatário – um outro diletante – ali se instale; segundo, porque ele não cortou totalmente as relações com Boissard e o Clube dos Haxixeiros.

De passagem um dia para recuperar um ou outro livro, ele fica surpreso ao ver que seu apartamento foi ocupado por uma jovem mulher.

Não se trata de uma estranha. Ele a conhecera no baile Mabille, em 1844, aonde fora acompanhado por Nadar, Privat d'Anglemont e Champfleury. Ela se chama Élise Sergent, mas fora sagrada rainha Pomare, por alusão a uma taitiana que, devido a sua virtude duvidosa, quase provocara um conflito entre a França e a Inglaterra. Ela é bastante bonita, esbelta sem magreza, "com o peito reto como o de um homem[*1]". Ela dança bem, é coquete, tem alguma instrução.

Ela se instalou no antigo apartamento de Baudelaire como se estivesse em sua própria casa. Como se ela mesma tivesse escolhido os móveis, a decoração e até os livros raros da biblioteca. Ela também não faz cerimônia para pegar as garrafas de vinho e bebidas no armário da sala e esvaziá-las sempre que tem vontade. Sozinha ou com seus numerosos visitantes ocasionais...

Baudelaire cai no seu encanto e dorme com ela na cama onde Jeanne, sua amante oficial, nunca se deitou, Jeanne, a "grande taciturna", o "grande anjo de brônzea fronte", para quem ele sabe que vai voltar, o que quer que aconteça. Isso dá mais graça ainda a essa ligação que, no entanto, se *gasta* e se *esvazia* depois de alguns dias. Ela lhe inspira, contudo, uma canção, cujo texto ele novamente envia a Privat d'Anglemont, dando-lhe a liberdade de publicá-lo com seu nome.

> Quanto durarão nossos amores?
> Disse a virgem ao luar.
> O enamorado responde: Ó minha morena,
> Sempre! sempre!
>
> Quando tudo dorme nos arredores,
> Hortênsia, estremecendo de alegria,

---

* As palavras são de Banville. (N.A.)

Diz que quer que eu a agrade
Sempre! sempre!

Eu digo para alegrar meus dias
e a lembrança de minhas tristezas:
Garrafas, por que não estais cheias
Sempre! sempre!

Pois o mais casto dos amores,
O galante mais intrépido,
Como um frasco é usado e se esvazia
Sempre! sempre![2]*!

Mas a rainha Pomaré não é o único de seus amores efêmeros; entre eles, estão também todas aquelas que "pertencem ao anonimato da amargura[3]". E ele, tão requintado, tão distinto, tão apaixonado por perfumes e lindos tecidos, não se ofende "nem com roupas íntimas suspeitas, nem com meias rasgadas, nem com peles mal lavadas, nem com a fetidez dos hotéis suspeitos e dos casebres[4]", nem com a sujeira dos cabarés sórdidos que os frequentadores chamam *tapis-francs* [tapete-francos] e para onde levam as cantoras de rua. Sisina, "a doce guerreira", Agathe, Alexandrine, Marguerite... Jeanne não diz nada. O importante é que ela seja sustentada. E, de qualquer forma, ela sabe que exerce sobre ele um poder enfeitiçante.

Como deseja ser membro da Société des Gens de Lettres, Baudelaire procura enviar artigos aos jornais. Um deles, *Le Corsaire-Satan*, o agrada bastante. É uma publicação satírica, nascida da fusão de dois periódicos de rua, *Le Corsaire*

---

* Tradução livre de: Combien dureront nos amours?/ Dit la pucelle au clair de lune./ L'amoureux répond: Ô ma brune,/ Toujours! toujours!// Quand tout sommeille aux alentours,/ Hortense, se tortillant d'aise,/ Dit qu'elle veut que je lui plaise/ Toujours! toujours!// Moi, je dis pour charmer mes jours/ Et le souvenir de mes peines:/ Bouteilles, que n'êtes-vous pleines/ Toujours! toujours!// Car le plus chaste des amours,/ Le galant le plus intrépide,/ Comme un flacon s'use et se vide/ Toujours! toujours! (N.T.)

e *Le Satan*, que fala dos costumes do teatro, do movimento das artes e da literatura, fazendo uso do humor e das palavras, recolhendo os ecos dos bastidores, do palácio e da rua. *Le Corsaire-Satan* é dirigido por um polígrafo, um antigo autor de folhetos chamado Poidevin, amigo e colaborador de Balzac, que acha mais lisonjeiro e sonoro ser chamado de Le Poitevin de Saint-Alme. Bastante pluralista, o jornal reúne as assinaturas de todas as tendências, especialmente as de certos escritores ligados a Baudelaire, como Champfleury, sempre muito ativo e cada vez mais presente no cenário da vida parisiense, de Banville ou ainda de Murger, responsável por uma coluna muito lida e chamada *Les Scènes de la bohème*, no mesmo espírito das fisiologias. Todos esses jovens autores, Le Poitevin de Saint-Alme os chama intimamente de "seus pequenos cretinos".

Durante o último trimestre de 1845, Baudelaire entrega anonimamente ao *Le Corsaire-Satan* diversos textos, dentre os quais *Como pagar suas dívidas quando se tem gênio*, que inicia com esta frase em forma de chiste: "Relataram-me esta história com o pedido de que eu não a passasse a ninguém; é por isso que desejo contá-la a todo mundo". Nesse artigo, ele não hesita em troçar de dois de seus ídolos, Balzac em primeiro lugar, "a mais poderosa mente comercial e literária do século XIX", o homem "das empresas hiperbólicas e fantasmagóricas", "o grande caçador de sonhos, incessantemente *à procura do absoluto*"[5]; Gautier logo depois, "gordo, preguiçoso e linfático", desprovido de ideias e que só sabe enfileirar e "aljofarar palavras à maneira de colares dos índios Osage"[6] – o que é bastante injusto, pois a preguiça e o linfatismo não exatamente caracterizavam o autor de *Mademoiselle de Maupin*, obrigado a escrever sem descanso para pagar suas dívidas.

Nesse texto, Baudelaire revela-se cáustico, irônico e um pouco maldoso, levando a crer que poderia brilhar futuramente no jornalismo de humor. E a confirmação disso ocorre em março de 1846, quando ele publica no *Le Corsaire-Satan* um ensaio intitulado *Seleta de máximas consoladoras sobre o amor*.

Esse ensaio é mais longo do que *Como pagar suas dívidas quando se tem gênio* e desenvolve alguns curiosos paradoxos sobre o estado amoroso. Paradoxos literários, é verdade, já que são citados *Manon Lescaut*, do Abade Prévost, *De l'amour*, de Stendhal, *L'Âne mort*, o grande romance romântico de Jules Janin publicado em 1829, bem como o eterno personagem de Don Juan, descrito sucessivamente por Molière, Alfred de Musset e Théophile Gautier, sendo Don Juan qualificado de "*flâneur* 'artístico', correndo atrás da perfeição pelos piores antros", antes de terminar como "velho dândi esfalfado de todas as suas viagens, e o maior idiota do mundo aos pés de uma mulher honesta bastante apaixonada por seu marido"[7].

Um novo Salão

Em abril de 1846, Baudelaire tem 25 anos e pode se gabar, se não por já ter feito muito para sua pouca idade, ao menos por já ter estado em contato, de perto ou de longe, com a maior parte dos grandes escritores e pintores de sua época.

A abertura de um novo Salão, no Louvre, deixa-o com vontade de escrever uma nova brochura sobre as obras expostas, apesar de a anterior quase não ter causado repercussão. Ele sabe que pode falar com discernimento, segundo critérios estéticos aceitáveis fundamentados num conhecimento aprofundado de história da arte, graças a suas leituras e a suas múltiplas visitas a museus, galerias e lojas de antiquários – mesmo não tendo ido, como tantos outros, à Itália, à Espanha, aos Países Baixos, à Alemanha ou à Inglaterra, e não tendo admirado pessoalmente as obras dos mestres antigos. Graças, principalmente, a seus imensos dons intuitivos.

Ele vai ao Salão, olha os quadros, observa-os longamente, pacientemente, depois corre para uma loja de vinhos, senta, encomenda um bourgogne e, fumando seus cachimbos de barro, escreve suas impressões. Sem pressa. Cuidando para inserir os quadros numa reflexão mais geral sobre a arte, segundo uma estética das formas e das cores.

Assim, o *Salão de 1846* não tem mais a forma de um simples catálogo, como o fora *grosso modo* o *Salão de 1845*, mas é um ensaio sustentado por exemplos concretos. Após uma estranha dedicatória aos burgueses que instituíram "coleções, museus, galerias" e considerações sobre o papel da crítica, o romantismo e, precisamente, a cor e suas harmonias, Baudelaire mais uma vez inicia a obra com Delacroix. Ele retoma, a partir do segundo parágrafo, um artigo de Thiers datado de 1822 relativo a um quadro representando Dante e Virgílio no Inferno – a prova, mais uma vez, de que para ele os "homens superiores não têm idade[1]", já que Thiers tinha então 25 anos e Delacroix dois a menos.

Nesse Salão, Delacroix expõe quatro quadros – *O rapto de Rebeca*, tirado de *Ivanhoé*, o *Adeus de Romeu e Julieta*, *Margarida na igreja* e *Um leão*, em aquarela. Baudelaire constata que são obras "populares" e que quem é hostil ao gênio "universal" do artista não é o público, mas sim os próprios pintores. Depois ele se diz tocado por "esta melancolia singular e tenaz" que *exala* dos quatro quadros extraordinários e que se manifesta na escolha dos temas, na expressão das figuras, no gesto e no "estilo da cor"[2].

Suas pertinentes análises, no entanto, não se limitam a uma apologia de Delacroix. Nas cerca de 140 páginas do volume publicado pelo editor aprendiz Michel Lévy (que tem a mesma idade de Baudelaire), ele fala de uma grande quantidade de pintores e desenhistas, alguns bajulados, como Ingres ou Achille Devéria, outros arrasados, como Victor Robert ou Horace Vernet, membro do Instituto e diretor da École de Rome, um homem que "possui duas qualidade eminentes, uma por falta, a outra por excesso: nenhuma paixão e uma memória de almanaque[3]".

> O Sr. Horace Vernet [escreve Baudelaire no capítulo XI de seu *Salão de 1846*] é um militar que faz pintura. – Eu odeio esta arte improvisada ao rufar do tambor, estas telas borradas num galope, esta pintura fabricada com tiros de pistola, assim como odeio o exército, as forças armadas, e tudo o que carrega armas barulhentas para um lugar pacífico[4].

Depois ele acrescenta sem o menor pudor:

> Odeio este homem, porque seus quadros não são de modo algum pintura, e sim masturbação ágil e frequente, uma irritação da epiderme francesa[5].

Naturalmente, ao escrever essas palavras ele pensa no padrasto, que por sua vez continua sua irresistível ascensão, mas não lhe faz mal algum e não o impede de frequentar os salões...

Em relação ao *Salão de 1845*, o *Salão de 1846* contém, além disso, capítulos de crítica pura, particularmente sobre o chique, o lugar-comum e a paisagem, bem como uma investida contra a escultura, qualificada de enfadonha e percebida como "uma arte complementar", "isolada". O texto termina com páginas entusiastas com ares de manifesto sobre o heroísmo da vida moderna.

Ora, o ultrassensível, o neurastênico, o bilioso, o tenebroso, o nevropata que é Baudelaire acredita na beleza e em seu triunfo.

> Todas as belezas contêm, assim como todos os fenômenos possíveis, algo de eterno e algo de transitório, de absoluto e de particular. A beleza absoluta e eterna inexiste, ou melhor, é apenas uma abstração empobrecida na superfície geral das diferentes belezas. O elemento particular de cada beleza vem das paixões e, como temos nossas paixões particulares, temos nossa beleza particular[6].

Ele acredita em uma "beleza nova".
Da mesma maneira que acredita no realismo mágico:

> A vida parisiense é fecunda em temas poéticos e maravilhosos. O maravilhoso nos envolve e nos sacia como a atmosfera, mas não o vemos[7].

Ao ser publicado em maio de 1846, o *Salão de 1846* não encontra mais repercussão na imprensa do que o *Salão de 1845*. No entanto, ele chama a atenção dos conhecedores e confere a Baudelaire – Baudelaire-Dufaÿs – certa autoridade nos meios artísticos e literários que frequenta. Para Henri Murger, o livro merece ser colocado ao lado das obras críticas de Diderot, Hoffmann, Stendhal e Heine*.

---

* Esses quatro nomes são citados no *Salão de 1846*. (N.A.)

Baudelaire não fica descontente. Afinal, graças a esse *Salão*, ele entra na Société des Gens de Lettres e é bem-recebido na redação de jornais e revistas, não apenas no *Le Corsaire-Satan* e no *L'Artiste*, mas também no *L'Esprit public*, no *L'Écho des théâtres* e no *Le Tintamarre*, onde ele assina alguns artigos mal-humorados com Banville e com um dos melhores amigos do autor de *As cariátides*, Auguste Vitu, às vezes sob pseudônimos comuns, dentre os quais Francis Lambert, Mar-Aurèle ou Joseph d'Estienne.

Um certo Samuel Cramer

Assim que o *Salão de 1846* é colocado à venda, Baudelaire fica sabendo da morte inesperada, aos 26 anos, de Émile Deroy, um de seus melhores e mais antigos amigos, cujo ateliê ele visitava frequentemente e onde ele pudera ver diversas vezes como trabalhava um pintor no seu dia a dia.

Para tentar afogar suas mágoas, ele se refugia na vida de boêmio, entre o vinho e as drogas fortes, entre desencantos e noitadas mais ou menos frívolas, mais ou menos escandalosas. Ele vai com prazer ao teatro, com Banville, ou ainda com Champfleury, os dois Charles (Asselineau e Barbara), e às vezes com Nadar, mais mulherengo do que nunca. Adora andar à volta das atrizes, bonitas ou não, e quando, no teatro da Porte-Saint-Martin, assiste a um espetáculo de dança no qual atua a irlandesa Lola Montes, que se faz passar por uma espanhola, ele fica comovido.

Logo sente vontade de escrever uma novela. Ele coloca em cena um certo Samuel Cramer, um jovem que é o "produto contraditório" de um pálido alemão e de uma bronzeada chilena, um grande ocioso, um ambicioso triste, uma criatura "doentia e fantástica, cuja poesia brilha bem mais na sua pessoa do que nas suas obras", e até parece um "deus da impotência", mesmo tendo assinado outrora, com um sonoro pseudônimo, "algumas loucuras românticas"[1]. Uma de suas manias era considerar-se igual àqueles a quem admirava, a ponto de pensar, depois da leitura apaixonada de um belo livro, Cardan, Sterne, Crébillon filho ou Walter Scott, que poderia perfeitamente tê-lo concebido e escrito de próprio punho. "Era a um só tempo todos os artistas que havia estudado e todos os livros que havia lido, e no entanto, apesar dessa vocação histriônica, permanecia profundamente original.[2]"

Através desses traços, Baudelaire projeta a si mesmo em seu herói. Ele lhe atribui uma aventura sentimental com uma dama da sociedade, a Sra. de Cosmelly, que mora "em uma das ruas mais aristocráticas do *faubourg* Saint-Germain" e cujo marido volúvel apaixonara-se por uma "mulher de teatro muito em voga", uma "dançarina tão burra quanto bela", a Fanfarlô. Sem querer, Samuel Cramer logo se sente atraído pela rival da amante. Ela lhe parece "leve, magnífica, vigorosa, cheia de gosto no seu engalanar-se", ao mesmo tempo em que era "semanalmente desancada nos rodapés de um jornal importante". Uma noite, ele vai vê-la representar o papel de Colombina "numa grande pantomima criada para ela por pessoas de espírito", em que ela é "consecutivamente decente, feérica, louca, jovial", sublime, "tão atriz pelas pernas quanto dançarina pelos olhos". "A dança", escreve ele, "é a poesia com braços e pernas"[3]. Mais tarde, ele percebe que eles tinham "exatamente as mesmas ideias sobre a cozinha e o tipo de alimentação necessária às pessoas de elite". Ele descobre que a Fanfarlô ama "as carnes que sangram e os vinhos que trazem a embriaguez" e não desdenha nem os molhos, nem os guisados, nem as "pimentas, especiarias inglesas, açafroados, substâncias coloniais, pozinhos exóticos", "até o almíscar e o incenso"[4].

Essa personagem feminina extremamente sensual é um pouco Lola Montes, um pouco Pomare, mas bem pouco Jeanne, apesar de, aqui e ali, no meio de um parágrafo, ela surgir em filigrana, como uma imagem imponente e necessária.

Chamada de *A Fanfarlô*, a novela é publicada em janeiro de 1847 no *Bulletin de la Société des gens de lettres*. Baudelaire assina Charles Defayis e menciona numa pequena nota que a partir de então este será o seu nome em literatura, uma abreviatura de Charles Baudelaire-Dufaÿs.

Alguns encontram acentos balzaquianos em *A Fanfarlô*, sabendo ser Balzac o romancista preferido do autor e, além disso, evocado no relato com uma referência direta à *Menina dos olhos de ouro*. Sem dúvida, eles se lembram das palavras de encerramento do *Salão de 1846*: "ó Honoré de Balzac, a vós, o mais heroico, o mais singular, o mais romântico e o mais poético entre todos os personagens que tirastes de vosso peito!"[5].

Por seu tema e sua estrutura narrativa, a novela evoca, no entanto, mais Théophile Gautier do que Balzac. Sem contar que ela é irônica, no tom de *Como pagar suas dívidas quando se tem gênio* e dos artigos entregues ao *Tintamarre*.

Pouco tempo depois da publicação de *A Fanfarlô*, Asselineau, devorador de livros e amante da literatura sobrenatural, conta a Baudelaire que acabara de ler numa revista a tradução de um conto fantástico americano que o impressionara: *O gato preto*, de um certo Edgar Allan Poe*. Um autor, diz ele, cujo nome descobrira graças a um curto estudo publicado alguns meses antes na *Revue des Deux Mondes*, assinado por Émile Forgues. Baudelaire vai imediatamente consultar *O gato preto* e também fica impressionado. Ele percebe um tom, uma visão, que os fantásticos franceses não têm – todos ou quase todos no rastro de Hoffmann. E ele se promete conseguir as obras do americano no texto original, apesar de não ter familiaridade com a língua inglesa.

Contudo, essa feliz revelação literária não apaga, infelizmente, as dificuldades da vida diária. Ele ainda não saldou suas dívidas e continua sendo assediado por seus credores, Arondel à frente. Ancelle, inflexível, intratável, não lhe dá um tostão adiantado. A Sra. Aupick não tem como ajudá-lo, a não ser de tempos em tempos, tirando de sua própria pensão magras somas rapidamente consumidas.

E depois há Jeanne, que não deixa de contar com Baudelaire, mesmo ela se satisfazendo, na maior parte do tempo, com quase nada. Para ela, basta ter álcool e tabaco, fazer a sesta depois do almoço, tagarelar com as vizinhas, oferecer as noites ao amante, quando este não sai para ver uma pobre prostituta numa espelunca ou para seduzir uma pequena atriz...

Quanto a atrizes, eis que aparece Marie Daubrun. Em agosto de 1847, no teatro da Porte-Saint-Martin, ela faz o

---

* *O gato preto* foi publicado em 27 de janeiro de 1847 no *La démocratie pacifique*. A tradução é assinada por Isabelle Meunier. (N.A.)

papel principal de *La Belle aux cheveux d'or*, uma fantasia baseada num conto de Madame d'Aulnoy e realizada pelos irmãos Cogniard, Charles-Théodore e Jean-Hippolyte. Desde *La Cocarde tricolore*, em 1831, esses dois emplacam um sucesso atrás do outro com todos os espetáculos que escrevem e montam, sejam vaudeviles ou melodramas, revistas populares ou óperas-cômicas. Fora no *Biche au bois* deles, dois anos antes, que estreara Lola Montes, assim que voltara da Prússia.

Como Lola Montes, Marie Daubrun, com seus vinte anos e seu rosto bonito, fascina Baudelaire. Eles se amam por um tempo e depois rapidamente se separam em maus termos, desejando, um e outro, que seus caminhos não se cruzem nunca mais.

Nas barricadas

Quando o ano de 1847 chega ao fim, Baudelaire está em apuros. Não aguentando mais, coberto de dívidas, ele escreve à mãe, cujo marido, o general Aupick, acaba de ser nomeado comandante da École Polytechnique. Numa longa carta, ele lhe conta sua deplorável situação.

> Feliz de ter uma moradia e móveis, mas privado de dinheiro, que eu procurava há dois ou três dias na última segunda-feira, à noite, extenuado de fadiga, de problemas e de fome, entrei no primeiro hotel que vi; e, desde então, fui ficando, *não sem motivos*... Gastei pouco, trinta ou trinta e cinco francos numa semana; mas não é apenas esta a dificuldade. Suponho que, por uma benevolência sempre insuficiente, vós* queirais me tirar desta infeliz imprudência – *amanhã* que fazer? A ociosidade me mata, me devora, me consome.

Dois parágrafos adiante, ele acrescenta:

> Aconteceu-me ficar três dias na cama, ora faltam lençóis, ora falta madeira... A última vez que a senhora teve a bondade de me dar quinze francos, eu não comia há *dois dias* – quarenta e oito horas[1]!

Então, ele diz ter tomado "a sincera e violenta resolução" de deixar definitivamente Paris e ir viver nas Ilhas Maurício, na qualidade de preceptor dos filhos de Emmelina, a bela crioula, e Antoine Autard de Bragard. Não de bom grado, mas "como castigo e expiação" de seu orgulho. Como uma pavorosa condenação.

Ele volta atrás, no entanto, assim que a Sra. Aupick, incapaz de não socorrer o filho, lhe dá um pouco de dinheiro. Contudo, em vez de ser devorado pela ociosidade, ele nutre diversos projetos de novelas e até mesmo de romances, alguns na linha irônica e realista de *A Fanfarlô*, outros mais próximos

---

* Dependendo das circunstâncias, Baudelaire trata a mãe por vós. (N.A.)

dos contos de inspiração fantástica de Balzac, de Gautier ou ainda de Nodier, que morrera em 1844. Em seus papéis, ele escreve títulos, às vezes esboça planos em algumas linhas: *O marquês invisível*, *O retrato fatal*, *A cicuta islandesa*, *Uma infame adorada*, *O autômato*, *O amigo do vermelho*, *A amante virgem*, *O catecismo da mulher amada*, *O suicídio na banheira*, "método analítico para verificar o milagre"...

Ele também tem projetos com Champfleury, que ele vê cada vez mais e com quem passa frequentemente diversas horas por dia, especialmente no Café de la Rotonde, na esquina da Rue de l'École-de-Médecine com a Rue Hautefeuille, a trinta metros de sua casa natal. O que os une, principalmente, é o interesse pela caricatura, a paixão quase cega por Daumier. E apesar de seus próprios gostos literários nem sempre se encontrarem, e mesmo se oporem, os dois escritores se estimam e se ajudam. Em janeiro de 1848, Baudelaire, inclusive, escreve para o *Le Corsaire-Satan* uma resenha sobre três volumes de contos de Champfleury, *Chien-caillou*, *Pauvre trompette* e *Feu miette*. Ele elogia o estilo "amplo, súbito, brusco, poético como a natureza", sem "empolamentos" nem "literatura exagerada".

Graças à mediação de Champfleury, Baudelaire conhece Gustave Courbet. Este fica feliz de pintá-lo, cabelos curtos bem negros, o rosto trocista e malicioso, fumando seu cachimbo, com a gravata desatada sobre o peito, sentado numa mesa com livros, uma pasta de desenhos, um tinteiro e uma bela pena de ganso, a mão esquerda apoiada sobre um divã, absorto na leitura de um espesso volume, uma espécie de dicionário que seria consultado inúmeras vezes. Nada a ver com o retrato executado em 1844 pelo desafortunado Deroy, em que Baudelaire aparece com os cabelos em desordem, um bigode e uma barbicha.

Mais tarde, sempre graças a Champfleury, ele se liga a Jean Wallon, um jovem filósofo muito culto e apaixonado por Hegel, sempre interessado em resolver árduos problemas político-religiosos, e a Charles Toubin, outro colaborador do *Corsaire-Satan*, originário de Doubs, fanático por pesquisas arqueológicas e folclóricas, tendo ido a Paris para preparar sua admissão como professor na universidade.

Quando eclode a Revolução, em 22 de fevereiro de 1848, todos esses artistas, pouco ou muito boêmios, se sentem bruscamente envolvidos, prontos a se erguerem contra o regime em vigor, a exigirem uma sociedade mais justa, mais humana, mais *harmoniosa*. Eles são animados por ideias de socialismo mescladas de iluminismo e utopia, inspirados ao mesmo tempo por Charles Fourier, Emanuel Swedenborg (o Swedenborg que louva o livre-arbítrio) e Pierre Leroux, um amigo de George Sand, o criador da palavra *socialismo**.

Segundo eles, a burguesia usurpou em seu benefício os direitos adquiridos em 1789. A igualdade civil é uma ilusão para o pobre trabalhador que está condenado a viver sem proteção e sem recursos contra a incerteza dos acontecimentos, no seio de um sistema que o explora e o destitui de seus privilégios. Como escreve Fourier em sua *Théorie de l'unité universelle*, a razão "nada fez pela felicidade, tanto que não proporcionou ao homem social a riqueza que é objeto de todos os desejos". Fourier entende por *riqueza social* "uma opulência com gradação que coloca ao abrigo da necessidade os homens menos ricos e lhes garante no *mínimo* o seu destino" que chamamos de "mediocridade burguesa**".

Apesar da proibição de qualquer tipo de aglomeração feita por François Guizot***, um grupo de estudantes e operários passa pelos bulevares e pela Rue Royale por volta das três horas da tarde. Aumentando a cada cruzamento, eles acabam por invadir a Place de la Concorde. Enquanto isso, um destacamento de agentes municipais a cavalo é organizado com a ordem de atacar e dispersar a multidão.

Nessa multidão em ebulição, nessa multidão inflamada e trepidante, está Baudelaire.

---

* Curiosamente, Pierre Leroux também forjou a palavra *simbolismo*. (N.A.)

** *Théorie de l'unité universelle* é o título definitivo dado em 1838 ao *Traité de l'association domestique agricole*, publicado em 1822. (N.A.)

*** *François Guizot*: político francês que ocupou o cargo de Primeiro Ministro de 1847 a 1848. (N.T.)

Para grande espanto de Courbet e de Toubin, também presentes.

Eles se perguntam o que lhe passa pela cabeça, pois Baudelaire sempre manifestara aversão pela política e sempre desprezara os republicanos – inimigos "das rosas e dos perfumes", de Watteau, de Rafael, do luxo, "das belas-artes e das belas-letras"[2], pessoas que deveriam ser *espancadas* sem a menor consideração.

Como também surgem agentes municipais a pé do outro lado dos Champs-Élysées, Baudelaire e seus companheiros se refugiam no parapeito do jardim que circunda a praça. Um punhado de revoltosos se apodera de surpresa de um posto de guarda e o incendeia. De repente, um soldado enfia a baioneta no peito de um operário que tentava se esconder atrás de uma árvore. Tomados de horror, Baudelaire e Courbet se apressam em ir informar Émile de Girardin, o diretor do *La Presse*, grande jornal popular fundado em 1836.

No dia seguinte, 23 de fevereiro, todos eles mais Champfleury se reencontram perto da Place du Châtelet e nas ruas circundantes, onde todas as portas das casas e todas as lojas estão fechadas. Aqui e lá, um pouco ao acaso, barricadas haviam sido erguidas. Ouvem-se tiroteios, ruídos de cascos sobre as calçadas, vociferações incessantes. No Boulevard du Temple, os insurgentes ficam sabendo da demissão de Guizot. Eles exultam de entusiasmo e agitam bandeiras vermelhas. Gritos de alegria irrompem de todos os lados, pontuados pela *Marselhesa* e pelo *Hino dos girondinos*.

No dia 24, Baudelaire está no Carrefour de Buci, com Armand Barthet, um escritor de Besançon que conhecera no Café de la Rotonde. Os dois estão atrás de uma barricada e seguram um fuzil de caça e uma cartucheira cada, depois do roubo de uma loja de armas. Porém, Baudelaire está muito mais excitado que seu camarada Barthet. Ele grita que acaba de dar "o golpe do fuzil". Ele caminha de um lado para outro, gritando cada vez mais forte o mesmo refrão:

– É preciso fuzilar o general Aupick!

Um jornalista versátil

Com a abdicação de Louis-Philippe, que foge para a Inglaterra, e a proclamação da Segunda República na noite de 24 de fevereiro de 1848, a França se torna praticamente um país de liberdade política: é estabelecido o sufrágio universal, são criadas oficinas nacionais, é suprimida a escravidão nas colônias, é instituída a liberdade de imprensa... Tanto é assim que os jornais começam a pulular, às dezenas, às centenas, cada escritor e cada jornalista querendo o seu a qualquer custo, cada político procurando criar sua tribuna para espalhar suas opiniões. Apenas no intervalo de 24 a 27 de fevereiro nascem *La République, L'Harmonie universelle, La Tribune nationale, La Voix du peuple, Le Moniteur républicain, La République française, L'Ami du peuple, Le Représentant du peuple...*

A eles se soma, ainda em 27 de fevereiro, *Le Salut public*. Fundado com pouco dinheiro, o jornal tem três redatores, os três *inseparáveis* do Café de la Rotonde: Toubin, Champfleury e Baudelaire, que se resguardara de colocar em prática as ameaças de morte proferidas contra o general Aupick.

O primeiro número do *Salut public*, republicano e socialista, tem uma tiragem de quatrocentos exemplares, mas os vendedores aos quais são confiados desaparecem no mesmo dia. Para o segundo número, Courbet cria uma vinheta. Baudelaire não hesita em vestir uma blusa branca e se postar no cruzamento do Odéon, esperando vender ele mesmo os exemplares. Ele deixa alguns para o arcebispo de Paris e na casa de François Raspail, que ele admira e que, em 24 de fevereiro, proclamara a República na Prefeitura de Paris. Mas o jornal é um fracasso, um fracasso amargo; por falta de recursos e de leitores, *Le Salut public* não chega ao terceiro número.

Depois de participar de algumas agitadas reuniões políticas com vistas às eleições para a Assembleia Constituinte, Baudelaire procura colaborar com outras gazetas e rapidamente encontra uma oportunidade na *Tribune nationale*. Esta é o "órgão dos interesses de todos os cidadãos", cujo rico financiador é Combarel de Leyval, deputado de centro-esquerda de Puy-de-Dôme sob a monarquia – um órgão que clama por Lamennais, democrático e republicano, mas defende a ordem, isto é, a justiça, a união, o "reinado da razão e da probidade". *La Tribune nationale* é, portanto, contra "tudo o que poderia recomeçar os tempos de cólera e de sangue", contra os "procônsules de sorte", contra Lamartine, considerado um medíocre homem de Estado, e contra os doutrinários da República.

Baudelaire entra no *La Tribune nationale* no mês de abril, quando o jornal está no terceiro número, e é nomeado secretário de redação – ou seja, o *cidadão* que "faz o jornal[1]" e pagina, segundo a importância, as resenhas, as notícias e as novidades. Tarefa fastidiosa que ele abandona ao cabo de alguns meses a fim de traduzir um primeiro conto de Edgar Allan Poe, *Revelação magnética*, publicado em 15 de julho no *La Liberté de penser*. Depois ele assume, em outubro, a função de redator-chefe do muito conservador e patriarcal *Représentant de l'Indre*, que sai às terças e sextas.

Sua chegada em Châteauroux* é ocasião para um banquete do qual ele participa, com a gravata de pano vermelha amarrada no pescoço, sem abrir a boca. A não ser quando declara em tom irônico, durante a sobremesa, que é o dedicado serviçal das "inteligências" de seus anfitriões.

Dois dias depois, todos ficam estarrecidos ao ver as palavras iniciais do primeiro artigo de Baudelaire:

> Quando Marat, este homem doce, e Robespierre, este homem correto, pediam, aquele trezentas mil cabeças, este a permanência da guilhotina, eles obedeciam à inelutável lógica de seu sistema.

---

* *Châteauroux*: capital do departamento do Indre. (N.T.)

O escândalo chega ao auge quando ele manda vir a Châteauroux uma atriz bastante vulgar que faz passar por sua mulher e com a qual discute a todo momento.

Depois de escrever às pressas um ou outro artigo e de se dar conta de que a vida na província é insuportável, Baudelaire volta para Paris.

Le Salut public, La Tribune nationale, Le Représentant de l'Indre: três jornais de 1848, três tipos de opinião, três visões divergentes da sociedade francesa.

Mas o que pode levar Baudelaire a virar assim a casaca, a passar de um extremo a outro em apenas algumas semanas?

Na verdade, o simples e único fato de que ele não tem nem nunca teve convicções políticas, que nele não existe base alguma para convicções. Além disso, ele acredita que cada pessoa tem o direito de desertar uma causa para saber o que poderia experimentar ao servir uma diferente ou antinômica. Para ele, todos os homens têm o direito de se contradizer.

Baudelaire, ao mesmo tempo, não é tolo: ele sabe que seu enlevo, em 22, 23 e 24 de fevereiro, tinha algo de romântico, de literário, lembrança de suas leituras, particularmente as obras de Joseph Proudhon, *L'Ami du peuple* de François Raspail e *Le chant des ouvriers*, "o admirável grito de dor e de melancolia" de seu camarada Pierre Dupont, publicado dois anos antes. Ele sabe que, durante esses três dias febris, seus amigos e ele construíram utopias como castelos no ar. E, por fim, ele sabe que tem, enraizado nos recantos mais longínquos de seu ser, o gosto – o gosto natural – pela destruição.

Em suma, sua insurreição tem o objetivo fundamental de combater e destruir a trivialidade, e ele está perfeitamente consciente de que essa trivialidade corrompe tanto o povo quanto a burguesia. Não, ele não recusa completamente o progresso, mas só o enxerga no indivíduo e pelo indivíduo. É a mesma opinião de Delacroix, quando este declara:

> Por mais que eu procure a verdade nas massas, eu só a encontro, quando encontro, nos indivíduos.

O que dá a entender que, aos olhos de Baudelaire e de Delacroix, contrários à doutrina rousseauniana, o homem é mau por natureza.

A eleição triunfal do príncipe Luis-Napoleão Bonaparte para a presidência, em 12 de dezembro, acaba por *despolitizar* Baudelaire. Moralmente, intelectualmente, fisicamente. Ele não foi votar, ele não escolheu o príncipe, ao contrário de setenta porcento dos eleitores, na maioria monarquistas e católicos. Pouco lhe importa que toda Paris seja a partir de então orleanista.

Aos amigos que o interrogam, ele responde que, se tivesse votado, o teria feito somente para si. Talvez o futuro, diz ele, pertença aos "homens desclassificados".

Tempo de retraimento

Depois de suas experiências como jornalista, que não vão adiante, Baudelaire fica desorientado. Ele lança no papel alguns pensamentos esparsos, corrige alguns poemas que acumulou, rabisca desenhos, pensa novamente em escrever romances cujos títulos – títulos atraentes – dispõe em seus cadernos e sobre os quais diz confusamente, ingenuamente, que poderiam um dia garantir-lhe fortuna: *O crime no colégio, Os monstros, As tríbades, Os ensinamentos de um monstro, O amor parricida, O mantenedor, A mulher desonesta, A amante do idiota...*

Ele lê bastante – obras muito diferentes umas das outras, tanto alguns contos de Edgar Allan Poe traduzidos para o francês e publicados aqui e ali em revistas (Poe, em 7 de outubro de 1849, acabara de morrer em Baltimore, aos quarenta anos) quanto os grandes textos *proféticos* de Joseph de Maistre, morto em 1821, no mesmo ano de seu nascimento: *Considérations sur la France*, as célebres *Soirées de Saint-Pétersbourg ou Entretiens sur le gouvernement temporel de la Providence* e *Examen de la philosophie de Bacon*. Essas obras o impressionam, o fazem tomar consciência de que entre o mundo visível e o mundo invisível se tecem, incessantemente, "relações mútuas", de que não se pode implicar Deus na imperfeição do homem, no horror do destino expiatório da humanidade marcado para sempre pelo pecado original, e de que a natureza coincide com o mal, sendo o orgulho diante de Deus a única transgressão imperdoável.

Ele fica marcado principalmente pelo fato de que Joseph de Maistre faz perguntas verdadeiras, *as* perguntas verdadeiras, as mesmas que preocupam a Baudelaire, as mesmas que o perseguem, que o consomem desde a sua volta da África, sobre as quais Sainte-Beuve falara magistralmente num longo estudo datado de 1843.

Para ele [escreve este último], a imaginação e a cor no seio de um alto pensamento tornam para sempre presentes os problemas eternos. A origem do mal, a origem das línguas, os destinos futuros da humanidade – por que a guerra? – por que o justo sofre? – o que é o sacrifício? – o que é a oração? – o autor aborda todos esses porquês, penetra-os em todos os sentidos e os importuna: faz jorrar deles belas visões[1].

Em Joseph de Maistre, Sainte-Beuve admira, além disso, o estilista, a verve, a linguagem elevada, "firme" e "simples" de cada um de seus escritos.

O que Baudelaire na verdade gosta na obra do "grande teórico teocrático" é o rigor extremo, seu ódio ao mesmo tempo do ceticismo, das evidências, das ideias e das opiniões estabelecidas, sua recusa em ser tolo, sua aversão a Voltaire e seus êmulos, sua análise da Revolução Francesa, considerada uma empresa *satânica*, seu lado *atacante*, suas frases terríveis que imobilizam o espírito. E talvez mais ainda o fato de que esse homem ardente, esse aristocrata da Savoie, tenha conseguido suportar sozinho "o enorme peso do nada*" e que tenha ido ao extremo para dizer o essencial.

Com Joseph de Maistre, ele aprende a *raciocinar*. Isto é, a ver, a compreender o mundo munido de uma chave *universal*, a também se persuadir de que o dandismo a que ele recorre e do qual quer ser o entusiasta corresponde perfeitamente aos seus ideais e à sua necessidade de manter-se o mais longe possível da agitação pública, da multidão que ele despreza.

O que penso do voto e do direito a eleições
São direitos do homem

O que em qualquer função há de vil.
Um dândi limita-se a não fazer nada.
Poder-se-á imaginar um Dândi falando ao povo a não ser para o espezinhar?
A aristocracia é o único tipo de governo seguro e de acordo com a razão.

---

* Essas palavras são de Joseph de Maistre. (N.A.)

> Uma monarquia ou uma república em bases democráticas são igualmente fracas e absurdas.
> Imenso nojo dos cartazes.
> Só existem três tipos respeitáveis:
> O padre, o guerreiro e o poeta. Saber, matar e criar.
> Todos os outros homens não passam de indivíduos moldáveis e serviçais, bons para a estrebaria (isto é, próprios para exercer o que chamam *profissões*)[2].

Apesar de aprender a raciocinar dessa maneira, Baudelaire não deixa de se comportar como uma pessoa *insensata*. Em novembro de 1849, como se sua breve aventura em Châteauroux e no *Représentant de l'Indre* não tivessem servido de lição, ele vai para Dijon a fim de colaborar no *Travail*, de subtítulo "Jornal dos interesses populares" – e que não tem nada, absolutamente nada, de maistriano. Ele se instala num hotel, firmemente decidido a encontrar uma moradia, mobiliá-la e mandar buscar Jeanne. No entanto, ele só se depara com decepções e, ao cabo de alguns meses de errância, aborrecimento e novos sofrimentos em consequência da sífilis contraída anos antes, volta para Paris mais derrotado do que nunca. Ele aluga um pequeno apartamento em Neuilly, no nº 95 da Avenue de la République.

Assim que se apresenta a ocasião, ou mesmo quando ela não se apresenta, ele prorrompe em provocações e, normalmente, diz qualquer coisa a qualquer um. Por exemplo: que ele é filho de um ex-padre. Que ele fora violado por marinheiros na época em que viajara no *Paquebot-des-Mers-du-Sud*, comandado pelo capitão Saliz. Que ele roubara as questões do *baccalauréat* depois de dormir com a governanta de um examinador. Que ele residira por longo tempo na Índia, onde conhecera todos os tipos de mulheres e todos os tipos de desregramentos. Que o general Aupick roubara de sua mãe a *gigantesca* fortuna que seu pai teria deixado ao morrer...

Algumas de suas invenções têm, às vezes, um agradável toque de brincadeira.

Ao encontrar Banville na rua uma bela manhã, Baudelaire propõe que ele tome um banho em sua companhia. Depois, enquanto os dois estão submersos na água morna, lança à queima-roupa, com um ar melifluamente pérfido: "Agora que o senhor está indefeso, meu caro colega, vou ler uma tragédia em cinco atos!".

Entre dois editores

No mês de junho de 1850, Baudelaire entrega dois poemas ao *Magasin des familles* para a coluna "Poesias da família": *O vinho das pessoas honestas* e *Castigo do orgulho*. Essas duas inserções não deixam de surpreender o *entourage* do escritor, pois o periódico em questão é dirigido antes de tudo às "senhoras" e às "senhoritas", abordando em suas colunas tanto a moda e os "trabalhos de costura" quanto a arte e a literatura – a literatura decente e adequada. A publicação é acompanhada de uma nota anunciando que o autor publicará brevemente um livro intitulado *Os limbos*, "destinado a representar as agitações e as melancolias da juventude moderna".

Baudelaire julga esse novo título, que substitui *As lésbicas*, mais de acordo com o espírito e a letra de seus poemas. Ele o adota tendo em mente certos quadros melancólicos de Delacroix, sobre os quais ele escrevera em seu *Salão de 1846*:

> Essa melancolia transparece até nas *Mulheres de Argel*, seu quadro mais provocante e mais florido. Esse pequeno poema de interior, cheio de repouso e silêncio, repleto de ricos tecidos e de miuçalhas de toalete, exala não sei que forte perfume de prostíbulo, que logo nos conduz para os limbos inexplorados da tristeza[1].

Baudelaire reserva a edição de *Os limbos* a Michel Lévy, que publicou seu *Salão de 1846* e que anuncia, na quarta capa do volume, como "a ser publicado 'em breve pelo mesmo', *As lésbicas* e *O catecismo da mulher*".

Ajudado por seus dois irmãos, Calmann e Nathan, sua família e inúmeras e sólidas relações, Michel Lévy rapidamente desenvolvera suas atividades de editor e expandira sua rede comercial. Ele apostara com sucesso no teatro (majoritariamente o vaudevile e o melodrama) e em certos autores de renome como Prosper Mérimée, Frédéric Soulié, Paul Féval e Alexandre Dumas, cujas obras completas começara a publicar a partir de 1849. Não sem autorizar grandes gastos publicitários em Paris e na província. Ele também se interessara pela obra dramática de Victor Hugo, pelos escritos do abade de Lamennais e pelos de Alphonse de Lamartine, e tinha um contato bastante importante com George Sand para publicar tudo o que ela produzisse a partir de então, seus romances, seu teatro, suas impressões de viagem, seus textos autobiográficos.

Michel Lévy, cuja livraria está situada no 2 bis da Rue Vivienne, tivera, por outro lado, a sorte de editar livros que conheceram certo sucesso, a exemplo de *Jérôme Paturot à la recherche de la meilleure des républiques*, de Reybaud, e das *Scènes de la vie de bohème*, de Henri Murger, tanto na versão romanceada quanto na versão cênica (a estreia, no Théâtre des Variétés, fora um sucesso, atraindo por semanas multidões de espectadores). A partir de agosto de 1850, ele começa, além disso, a publicar a baixo preço as grandes peças de Corneille e de Racine. Prova que, no final dos anos 1840 e início dos anos 1850, o jovem e grande empreendedor que ele é ocupa um lugar preponderante não só no meio cultural francês, mas também no meio político, já que em seu catálogo figuram Adolphe Thiers, Louis Blanc, Désiré Nisard e Louis-Philippe em pessoa, "o ex-rei dos franceses", segundo as próprias palavras do soberano destituído.

Se Michel Lévy espera há mais de três anos e meio o manuscrito de *As lésbicas*, no momento batizado de *Os limbos*, é porque Baudelaire ainda está corrigindo seus poemas, reiniciados a todo momento, experimentando em que ordem exata seria mais conveniente publicá-los. Para Asselineau, que se preocupa, ele responde porém que reunira os poemas em dois cadernos de capa dura e que acabara de entregá-los a um calígrafo – sinal de que logo os levará para um editor.

Numa noite, ele está na casa de Mère Perrin, uma mulher que mantém na Rue du Petit-Lion-Saint-Sulpice uma cantina que ele frequenta regularmente em companhia de Champfleury e de Jean Wallon, quando ele conhece Auguste Poulet-Malassis. Descendente de uma antiga família de impressores normandos, cujas prensas em Alençon remontam ao século XVI, Auguste Poulet-Malassis é quatro anos mais novo e, como ele, extremamente sensível aos escritores à margem, aos esquecidos, aos desdenhados e aos irregulares da literatura. Escrevera, com apenas dezesseis anos, uma nota sobre os contos de Bonaventure des Périers na *Revue de l'Orne* e, aos dezessete, fizera uma reimpressão de trinta exemplares de uma peça de Guillaume Le Rouillé.

Admitido em agosto de 1847 no grau de bacharel pela faculdade de letras de Paris, ele se apresentara em setembro na École des Chartes e fora recebido com sucesso dois meses depois. No entanto, em vez de seguir a carreira de arquivista, ele tomara a defesa da Revolução de 1848 e, como Baudelaire e Champfleury, lançara-se na excitante aventura do jornalismo de combate fundando seu próprio *Salut public*: *L'Aimable Faubourien*, com o subtítulo de "Jornal da canalha", referência lúdica a palavras proferidas por Louis-Philippe quando este buscava "um recurso vitorioso para manter no dever e na submissão a muito turbulenta população de Paris e seus amáveis *faubourgs*".

Apesar de suas origens normandas, Poulet-Malassis dá ao *L'Aimable Faubourien* a eloquência de um moleque parisiense, em meio a uma redação heterogênea onde se distingue, entre outros, Alfred Delvau, um autor atraído pela gíria e pelas questões secundárias da História. Mas o jornal não é mais feliz que o *Salut public* e os noventa porcento das cerca de quinhentas gazetas surgidas nos dias e nas semanas após o 24 de fevereiro de 1848: depois de cinco números, ele encerra suas atividades.

Logo, Baudelaire e Poulet-Malassis frequentam também a Laiterie du Paradoxe, na Rue Saint-André-des-Arts, para onde vão igualmente Alfred Devau, Nadar, Privat d'Anglemont e, às vezes, Gérard de Nerval. Eles se aproximam cada vez mais, ainda que o dandismo, o individualismo feroz de Baudelaire e o grande fervor republicano de Poulet-Malassis não coincidam muito. Eles evocam juntos escritores do passado que poucos conhecem e leem, falam com paixão sobre bibliofilia, obras notáveis pela beleza da tipografia e a qualidade da paginação, ilustradores, encadernações suntuosas, encadernações à holandesa, encadernações com verniz Martin, gofraduras, canteiros, capitéis, os irmãos Bozérian que revolucionaram a arte de embelezar os livros...

Magro e loiro, um loiro quase ruivo, com os olhos azuis e brilhantes, o rosto alongado por uma barbicha pontuda, o ar um tanto trocista, parecido com Henri III, Poulet-Malassis, aos 25 anos, tem à primeira vista tudo para agradar e vencer. Ele já sonha em fazer da editoração sua atividade principal.

O homem de trinta anos

Enquanto retoca uma futura edição de *Os limbos*, Baudelaire passa seguidamente, em seus escritos, de um gênero a outro: poesia, ensaio, crítica literária, crítica artística... Ele também acha que poderia falar de música. Na maior parte dos casos, trabalha em função das oportunidades de publicação que surgem e em função das pessoas que ele encontra, sem ideias preconcebidas.

A não ser quando ele precisa, em primeiro lugar, ganhar dinheiro.

Há mais de dois anos ele não pode contar com o apoio financeiro ocasional da mãe, pois esta agora mora em Constantinopla, onde o general Aupick fora nomeado embaixador. Apenas alguns dias antes da partida, Aupick mais uma vez censurara sua ligação *escandalosa* com Jeanne Duval, uma mulher, ele teria dito, que o despojava e o enganava. Isso agrava o desentendimento entre eles.

Em fevereiro de 1851, Baudelaire entra em contato com Félix Solar, um bibliófilo inveterado, grande amante de literaturas antigas. Antes autor de vaudeviles, Félix Solar, que nascera em 1815, também se aventurara no jornalismo e fora um dos fundadores do *L'Époque* e redator-chefe do *La Patrie*. No momento, ele se ocupa do *Messager de l'Assemblée*, diário político e literário que sai à noite e acaba de ser lançado. Em março, Baudelaire aceita ali publicar, em quatro partes, *Do vinho e do haxixe, comparados como meios de multiplicação da individualidade*, ensaio redigido a partir de suas experiências pessoais (especialmente aquelas vividas no Hôtel Pimodan).

Em 9 de abril, dia de seu trigésimo aniversário, Baudelaire tem a alegria de descobrir no mesmo *Messager de l'Assemblée* onze poemas seus. Ali estão *O mau monge, O ideal, O morto alegre, Os gatos, A morte dos artistas, A morte dos amantes, O tonel do ódio, De profundis clamavi, O sino rachado, Os mochos* e um último poema que começa com "Pluviôse, contra toda a cidade irritado". Eles são agrupados sob o título geral de *Os limbos*, conforme o anúncio do *Magasin des familles*, dez meses antes.

Ele mal tem tempo de saborear essa publicação de seus poemas, a mais importante jamais feita, quando fica sabendo que seu padrasto está prestes a sair da embaixada da França em Constantinopla e que a chancelaria lhe reserva uma nova atribuição. De fato, em junho, o general e a Sra. Aupick passam por Paris, onde se hospedam no Hôtel du Danube, na Rue Richepanse – uma parada de poucas semanas antes de partirem novamente para o estrangeiro, não para Londres como fora questão um momento, mas para Madri.

Baudelaire revê finalmente a mãe. No início, o reencontro é entremeado de disputas: ele a amaldiçoa, não a perdoa por tê-lo deixado na penúria. Ela, por sua vez, que é quase sexagenária e tornou-se uma dama elegante, garante que jamais deixou de amá-lo e de pensar nele e que se sentiu culpada por tê-lo abandonado à sua própria sorte. Mas eles rapidamente desatam em perdões e absolvições recíprocas – ele primeiro, dando-se conta do ponto a que sua mãe condicionava sua existência.

Como esse mês de junho de 1851 está muito bonito, eles aproveitam para passear por Paris e pelos subúrbios. Ele evoca a infância, a casa da Rue Hautefeuille, os anos felizes quando ainda era um menino inocente e mimado.

Como se, em seu estranho e singular destino, tudo tivesse acontecido lá e somente lá...

Porém, tudo não passa de um parêntese, e quando em julho a Sra. Aupick vai para Madrid, onde seu brilhante marido embaixador a precedera, Baudelaire reencontra Jeanne, a outra mulher da sua vida.

A partir de então eles moram juntos, compartilham os mesmos quartos, segundo os acasos de seus infortúnios. Depois do retiro em Neuilly, por enquanto na Rue des Marais-du-Temple. Jeanne não é mais a "serpente que dança", não tem mais um corpo que "pende e se aguça como escuna esguia", não tem mais aquela "fluida cabeleira de ácidos perfumes", ela agora é uma "musa doente".

> Que tens esta manhã, ó musa de ar magoado?
> Teus olhos estão cheios de visões noturnas,
> E vejo que em teu rosto afloram lado a lado
> A loucura e a aflição, frias e taciturnas[1].

Jeanne realmente envelheceu. Ela engordou, ficou feia, mas, com os anos, também adquiriu certa audácia. Antes, ela deixava Baudelaire fazer o que ele tivesse vontade, sem condená-lo nem repreendê-lo, enquanto hoje ela não hesita em acusá-lo a todo momento. Ela o chama de todos os nomes, reitera que ele não passa de um perdedor, que ele é incapaz de viver de sua escrita, que ele corre em vão às redações dos jornais para tentar vender seus artigos, particularmente os dedicados à caricatura, uma de suas manias, que são recusados. Ela confessa que o engana. Porque, diz ela, é obrigada. Porque ele não dispõe de meios para alimentá-la.

É nesse ambiente deletério que Baudelaire escreve um estudo sobre Pierre Dupont, da mesma idade que ele, com apenas alguns dias de diferença, e que ele conhece desde 1844. Em agosto de 1851, esse estudo serve de prefácio para o vigésimo número dos *Chants et chansons* do amigo. É dos mais calorosos. "Quando ouvi", escreve Baudelaire, "este admirável grito de dor e de melancolia [*Le chant des ouvriers*, 1846], fiquei deslumbrado e enternecido. Fazia tantos anos que esperávamos um pouco de poesia forte ou verdadeira!". Ele admira em Pierre Dupont "sua confiança ilimitada na bondade nativa do homem", "seu amor fanático pela bondade" e sua "alegria" que explica, segundo ele, "o sucesso legítimo" de todas as suas obras. "Será uma honra eterna de Pierre Dupont ter sido o primeiro a arrombar a porta. Com o machado na mão, ele cortou as correntes da ponte levadiça da fortaleza; agora a poesia popular pode passar".

Então conclui:

> Não basta ter a voz afinada ou bela, é muito mais importante ter sentimento. A maior parte dos cantos de Dupont, sejam uma situação do espírito ou um relato, são dramas líricos, cujas descrições compõem o cenário e o fundo. Você precisa então, para ter uma boa ideia da obra, *entrar na pele* do ser criado, impregnar-se profundamente dos sentimentos que ele expressa e senti-los tão bem que a obra pareça ser sua[2].

Essa última frase é o credo de Baudelaire. A seus olhos, uma obra só existe se ele pode penetrá-la de corpo e alma.

E se ele pode identificar-se totalmente com o seu autor.

Como Edgar Allan Poe.

Um santo maldito

Depois de fazer o pedido das obras completas de Poe a um livreiro de Londres, Baudelaire decide escrever um estudo sobre o autor de *Revelação magnética* – conto que ele traduzira em 1848 para o *La Liberté de penser* e em cuja introdução afirmara que os escritores "fortes" eram todos "mais ou menos filósofos". E decide citar os nomes de Sterne, Diderot, Laclos, Hoffmann, Goethe, Richter, Maturin, autor de *Melmoth*, ao qual ele gostaria de dar uma nova versão, e Balzac, que morrera em 1850 e que ele venera.

Na verdade, nesse ano de 1852, ele conhece o autor americano apenas de maneira imperfeita. No entanto, o que ele leu, o que ele ficou sabendo e o que disseram seus dois camaradas, Asselineau e Barbara, parece-lhe muito próximo de suas aspirações, de seus gostos e de suas ideias pessoais. Ele também se apressa em informar-se sobre a vida desse homem, reunir informações e documentos que permitam familiarizar-se com ela. Ele lê o estudo de Émile Forgues publicado na *Revue des deux mondes* em 1846, o primeiro sobre Poe em língua francesa, e diversas memórias biográficas e notícias necrológicas redigidas nos Estados Unidos, particularmente a de Rufus W. Griswold, seu editor e executor testamentário em Nova York.

Em muitos pontos, Griswold desfia inverdades e equívocos e passa uma falsa imagem, para não dizer uma imagem desnaturada e vergonhosa, de Poe. Ele chega a degradá-lo e ousa afirmar que poucas pessoas ficaram tristes, em 9 de outubro de 1849, ao saber da notícia de sua morte. Também o considera um perigoso opiômano, ainda que Poe tenha apenas consumido láudano, como o fizeram milhões de indivíduos na mesma época, com o único objetivo de curar-se.

Baudelaire, isolado em Paris, não tem como questionar nem verificar a exatidão de todos esses testemunhos[1], confirmados ou não. Mas não é isso que o preocupa realmente. Seu propósito consiste antes de tudo em conhecer profundamente uma obra das mais originais, pela qual ele se apaixonou, e, através dela, entender e ter uma ideia do gênio do indivíduo que a criou. Nesse processo, ele não pode, é verdade, deixar de pensar em si mesmo, no poeta que ele é, no que ele viveu e suportou desde a infância. Nem em seu duplo e obscuro fascínio pela beleza e pela obscenidade.

> Todos os que já refletiram sobre sua própria vida, que muitas vezes olharam para trás a fim de comparar o passado com o presente, todos os que criaram o hábito de psicologizar facilmente sobre si mesmos, sabem que imensa participação tem a adolescência no gênio definitivo de um homem. É então que os objetos mergulham profundamente suas marcas no espírito maleável e fácil; é então que as cores são chamativas e os sons falam uma língua misteriosa. O caráter, o gênio, o estilo de um homem é formado pelas circunstâncias aparentemente vulgares de sua primeira juventude. [...] As cores, a feição espiritual de Edgar Poe contrastam violentamente com o fundo da literatura americana. [...] Todos os contos de Edgar Poe são por assim dizer biográficos. Na obra encontra-se o homem. Os personagens e os incidentes são a moldura e a roupagem de suas lembranças[2].

O que impressiona Baudelaire na leitura atenta dos contos de Poe é que eles derivam todos os seus efeitos da coesão e da lógica, ao passo que, por comparação, Hoffmann faz seu fantástico repousar sobre o arbitrário e as incoerências da imaginação. Em certo sentido, eles não estão longe de parecer boletins científicos que descrevem em detalhe casos de neurose, delírios, *desvios de personalidade*, pavores, acontecimentos hediondos, um pouco como se fossem a assustadora demonstração de um teorema *poético* de geometria. E todos, ou quase, são contos maléficos, contos que rondam, giram incessantemente em torno das forças das trevas e só sacralizam o absoluto triunfo da morte: *William Wilson, A queda da casa de Usher, Morela, Ligeia, O mistério de Marie Rogêt, A máscara da morte rubra, Os fatos que envolveram o caso de Mr. Valdemar, Assassinatos na rua Morgue...* Contos nos quais, na maioria das vezes, são mulheres que sucumbem. Como na trágica vida de Poe, que vira morrer sucessivamente amigas com quem ele mantivera relações, sua mãe e sua mulher. Contudo, estranhamente, nenhum desses numerosos contos que colocam mulheres em cena conta uma história de amor, nem celebra a sensualidade feminina.

O que, por outro lado, impressiona Baudelaire é que Poe, em seus contos, geralmente suprime os "acessórios", ou pelo menos só lhes concede "um valor mínimo". "Graças a essa sobriedade cruel, a ideia geradora se mostra melhor e o assunto se recorta ardentemente sobre esse fundo nu[3]". E Baudelaire especifica:

> Em Edgar Poe, nada de lamúrias enervantes. [...] Dir-se-ia que tenta aplicar à literatura os procedimentos da filosofia, e à filosofia, o método da álgebra. [...] Assim, as paisagens que às vezes servem de fundo às suas ficções febris são pálidas como fantasmas. Poe, que não partilhava muito as paixões dos outros homens, desenha árvores e nuvens que parecem sonhos de nuvens e árvores ou, antes, que se parecem com seus estranhos personagens, igualmente agitados por um arrepio sobrenatural e galvânico[4].

Seu estudo, intitulado *Edgar Allan Poe, sua vida e suas obras*, é submetido à *Revue de Paris*. Fundado em 1829 por Louis Véron (todos geralmente o chamam de Dr. Véron), esse periódico literário mensal obtivera formidável destaque no início dos anos 1830 e reunira as assinaturas românticas mais prestigiosas, de Balzac a Eugène Sue, de Alfred de Musset a George Sand, passando por Charles Nodier, Alexandre Dumas, Alfred de Vigny ou Sainte-Beuve; porém, ele deixara de ser publicado em 1834 (Dr. Véron preferira investir seu capital na imprensa de grande difusão), antes de ser comprado por François Buloz e tornar-se, até 1845, um simples anexo da *Revue des deux mondes*.

Retomada a partir de 1851, *La Revue de Paris* agora se apresenta em versão totalmente nova. Ela é dirigida por uma equipe reduzida de escritores, dentre os quais se encontram Théophile Gautier, Maxime Du Camp e Arsène Houssaye, há pouco tempo também diretor do *L'Artiste*, mais homem de letras e arrivista do que nunca.

O estudo sobre Poe é inserido nos números de março e abril de 1852 da *Revue de Paris*, graças à intervenção de Gautier, ao qual Baudelaire também envia vários de seus poemas, na esperança de vê-los publicados num dos próximos números.

Enquanto isso, ele mais uma vez discute violentamente com Jeanne. Vizinhos espalham que ele chegara a bater na cabeça dela com um castiçal e que poderia ter cometido um assassinato se, no último minuto, não tivesse se contido ao dar-se conta repentinamente do horror de seu ato.

Após longas e extenuantes discussões, sua "cabeça tornando-se literalmente um vulcão doente[5]", ele acaba por se separar de Jeanne e deixar a Rue des Marais-du-Temple. Primeiro, instala-se sozinho, no fim do mês de maio, no bulevar Bonne-Nouvelle e, cinco meses mais tarde, num hotel da Rue Pigalle. Leva consigo apenas algumas parcas e indispensáveis bagagens, dentre as quais as obras de Poe em inglês, dicionários e léxicos.

Decididamente, ele está obcecado pelo autor de *O gato preto*, que ele compara a um santo maldito e cujos contos completos e o romance *O relato de Arthur Gordon Pym*, editado em Nova York em 1838, ele quer traduzir a qualquer custo. Enquanto duas dessas histórias que ele chama de *extraordinárias* são publicadas em outubro – *O poço e o pêndulo,* na *Revue de Paris*, e *Filosofia do mobiliário* (que parece mais reflexão crítica do que ficção) no *Magasin des familles* –, outra mulher o faz perder a cabeça: Apollonie Sabatier.

Carta à Presidenta

Ao ler *Émaux et camées*, de Théophile Gautier, que acaba de ser publicado por Eugène Didier em um pequeno volume de uma centena de páginas, Baudelaire descobre com emoção, na página 93, um poema de oito estrofes intitulado *À une robe rose*. Ele não tem dificuldade em adivinhar que esses versos celebram Madame Sabatier, uma mulher que ele também admira e que ama secretamente com um louco amor.

> Como me agradas neste vestido
> Que te despe tão bem,
> Fazendo surgir teu peito em globo,
> Mostrando todo nu no teu braço pagão!
>
> Frágil como uma asa de abelha,
> Fresco como um miolo de rosa-chá,
> Seu tecido, carícia vermelha,
> Volteia ao redor de tua beleza
>
> [...]
>
> E essas pregas rosas são os lábios
> De meus desejos insaciados,
> Colocando no corpo de que tu os privas
> Uma túnica de beijos.*

Madame Sabatier só é madame porque Gautier decidira um belo dia assim chamá-la. Para o registro civil, ela é apenas Aglaé Apollonie Savatier. Nascida em Mézières, nas Ardennes, em 1822, ela poderia muito bem chamar-se Sra.

---

* Tradução livre de: Que tu me plais dans cette robe/ Qui te déshabille si bien,/ Faisant jaillir ta gorge en globe,/ Montrant tout nu ton bras païen!// Frêle comme une aile d'abeille,/ Frais comme un cœur de rose-thé,/ Son tissu, caresse vermeille,/ Voltige autour de ta beauté// [...]// Et ces plis roses sont les lèvres/ De mes désirs inapaisés,/ Mettant au corps dont tu les sèvres/ Une tunique de baisers. (N.T.)

Alfred Mosselman, ou mesmo Sra. Richard Wallace, o nome de seus generosos e afortunados protetores, de quem fora amante e agora continuava a ver – mas ela preferira não se casar para poder viver o mais livremente possível.

Ela é alta, tem belas proporções, cabelos sedosos de um castanho dourado, a pele clara e lisa, a boca pequena e risonha. Sem ser altiva e arisca, ela exibe por onde passa um ar triunfante, o suficiente para irradiar à sua volta luz e alegria; ela se veste como quer, indiferente à moda, mas sempre com a maior elegância. Sua beleza é tão resplandecente e seu corpo tão magnífico que todos os pintores e escultores desejam tê-la como modelo. Em 1846, a pedido expresso de Mosselman, ela posara para Auguste Clésinger, que fizera não apenas seu busto, como também uma escultura, *Femme piquée par un serpent*. Podemos vê-la com o rosto contorcido, o seio nu e as ancas abundantes, a serpente apenas como um pretexto para fazer ondular seu corpo de curvas firmes "tanto sob o efeito do espasmo erótico quanto da dor[bn]". Essas duas peças notáveis, expostas no Salão de 1847, causam escândalo.

Desde 1849, Madame Sabatier mora no quinto andar de um prédio da Rue Frochot, quase na esquina da Place de la Barrière-Montmartre, onde ela dispõe de um apartamento de água-furtada no sótão. Todos os domingos, às seis horas, ela recebe os amigos para jantar, nove entre dez sendo escritores, músicos e pintores. Geralmente, comparecem Théophile Gautier, na maior parte das vezes ao lado da companheira Ernesta Grisi, Maxime Du Camp, Henri Monnier, Auguste Clésinger, Jules Barbey d'Aurevilly, Ernest Feydeau, Gustave Flaubert, quando está de passagem por Paris, e seu amigo de infância o poeta Louis Bouilhet, e o marselhense Ernest Reyer, que chegara à capital há pouco e cuja primeira ópera *Le Sélam*, executada em 1850, é baseada num texto de Gautier. Ou ainda Alfred de Musset, que acabara de entrar para a Academia Francesa.

Todos têm um apelido: Gautier é Théo ou Elefante, e sua companheira é a Dinde; Barbey d'Aurevilly é o Condestável;

Flaubert, o Sire de Vaufrilard, sem que ninguém saiba como nem por que esse título nobiliário lhe fora atribuído; Feydeau é ora o Grande Necróforo, ora o Coronel das Metáforas, ou ainda, de pronúncia mais difícil, Nabucodonosor; Mosselman é Mac à Roull; Bouilhet é Monsenhor, por causa de seu ventre arredondado. Quanto à própria Madame Sabatier, levando em conta sua posição, ela logo recebe o apelido invejado e respeitado de Presidenta.

Baudelaire também é um dos participantes assíduos a essas reuniões. Ele conhecera Madame Sabatier na época em que morava no Hôtel Pimodan e participava das *fantasias* organizadas por Joseph-Fernand Boissard; ela havido sido convidada numa tarde de verão com sua jovem irmã Adèle (que todos chamam de Bebê) e uma amiga, depois que saíam dos banhos do Hôtel Lambert, um estabelecimento da ilha Saint-Louis então muito em voga. Quanto mais Baudelaire adquire o hábito de ir à Rue Frochot, mais Madame Sabatier o fascina.

Na casa dela, ele tem fama de intelectual; porém, ele sabe ser sedutor, se necessário bastante sedutor, por trás de um jeito às vezes grosseiro de falso misógino, e não é de caráter calado. Fala-se de tudo, em suma, antes, durante e depois do jantar – de arte, de literatura, de filosofia, de ópera, de política. Nenhum assunto choca a dona da casa, nem as discussões mais indecentes, nem as piadas obscenas, as histórias escatológicas e as licenciosidades, as *porcarias*, uma das especialidades de Théo, ou melhor, do Elefante.

Esse tipo de coisas, no entanto, Baudelaire se abstém de falar. Quando ele intervém, é sobretudo para contar uma ou outra história macabra de Poe, para desenvolver incríveis paradoxos, para dar uma opinião, sem nenhuma sutileza, com voz sarcástica. Com seus olhos castanhos, nos quais brilha uma luz intensa, o beiço caído, a boca de sorriso trocista, a mandíbula que treme como que num tique, ele parece muito seguro de si – muito seguro de sua *diferença*.

Isso nem sempre o torna simpático aos demais frequentadores da Rue Frochot. Ele é considerado muitas vezes insuportável, vaidoso, pretensioso – se não ridículo com as estranhas roupas que usa e que parecem exageradamente rebuscadas, ou com sua necessidade compulsiva de se distinguir a qualquer custo. Alguns, que o haviam conhecido com os cabelos longos, depois desgrenhados, o veem agora com a fronte desimpedida, atravessada por uma mecha retorcida, e às vezes têm a curiosa impressão de lidar com um homem de idade madura, apesar de ele ter apenas 31 anos.

E dizer que ele está apaixonado pela Presidenta!

Ele não é o único; todos os que se espremem à sua mesa o estão de uma forma ou de outra. Mas, sem dúvida, é apenas Baudelaire que faz dela a encarnação da mulher ideal, que a vê como um anjo e como uma madona, como uma criatura redentora.

Contudo, ele não ousa declarar-se. Há muita distância entre ela e Jeanne, entre ela e todas as moças em cujos braços ele se perdera tantas vezes.

Quando ele descobre *À une robe rose* na coletânea *Émaux et camées* de Gautier, de repente lhe ocorre a ideia de imitar o "perfeito mágico das letras francesas". Rapidamente, ele compõe uma peça na mesma métrica em quadras octossilábicas. Com a diferença que seus versos contam noves sílabas, uma a mais. E ele os intitula *A uma mulher sempre alegre*.

> Teu ar, teu gesto, tua fronte
> São belos qual bela paisagem;
> O riso brinca em tua imagem
> Qual vento fresco no horizonte

> [...]

> Assim eu quisera uma noite,
> Quando a hora da volúpia soa,
> Às frondes de tua pessoa
> Subir, tendo à mão um açoite.

> Punir-te a carne embevecida,
> Magoar o teu seio perdoado

E abrir em teu flanco assustado
Uma larga e funda ferida,

E, como em êxtase supremo,
Por entre esses lábios frementes,
Mais deslumbrantes, mais ridentes,
Infudir-te, irmã, meu veneno[1]!

Baudelaire tem medo, no entanto, de entregar pessoalmente à Presidenta esse poema voluptuoso. Ele o coloca num envelope, não sem antes disfarçar sua letra, e o envia anonimamente com o seguinte bilhete, datado de 9 de dezembro de 1852:

> A pessoa para quem esses versos foram feitos, quer agradem, quer desagradem, mesmo que lhe pareçam totalmente ridículos, é humildemente *suplicada* a não mostrá-los a *ninguém*. Os sentimentos profundos têm um pudor que não quer ser violado. A ausência de assinatura não seria um sintoma desse invencível pudor? Aquele que compôs esses versos num desses momentos de devaneio, para onde o envia seguidamente a imagem daquela que é seu objeto, a amou vivamente, sem jamais dizer-lhe, e terá *sempre* por ela a mais terna simpatia[2].

Estratagema pueril?

No mínimo um gesto tocante e, sem dúvida, incompreensível da parte de um homem que se pretende acima das regras e que sente um profundo desprezo por todas as sacrossantas convenções impostas pela boa sociedade imperial.

A menos que esse gesto corresponda à sua idealização da mulher. A menos que ele seja a expressão da extrema inibição provocada por ela e acentue a obsessiva culpa que nutre por sofrer de sífilis. Que infelicidade, que terrível desgraça ser contagioso "quando amamos em outrem apenas a pureza[3]"!

O mais cômico é que, ao longo das semanas que se seguem ao envio da carta anônima acompanhada do poema *A uma mulher sempre alegre*, Baudelaire continua indo aos jantares da Presidenta, como se nada tivesse acontecido, com o ar trocista e quase desdenhoso.

Mas a Presidenta não se deixa enganar: ela sabe que ele é seu correspondente enamorado, mesmo fingindo, sutil coqueteria feminina, não sabê-lo. No fundo, ela está encantada.

No confessionário do coração

Em abril de 1853, o general Aupick é nomeado senador do Império e elevado à dignidade de grande oficial da Legião de Honra, instalando-se com a Sra. Aupick na Rue du Cherche-Midi. Baudelaire passa a rever a mãe com mais frequência e suplica-lhe que o ajude, pois suas dívidas não cessam de se acumular.

Uma delas diz respeito a um contrato que ele firmara com Victor Lecou, o editor da *Revue de Paris*, onde haviam sido publicados seus estudos sobre Poe e sobre *Les Illuminés*, de Nerval, em 1852. O contrato refere-se a um volume que reuniria certo número de traduções dos contos de Poe e seria publicado sob o título de *Histórias extraordinárias*.

Depois de enviar diversas traduções para Lecou, Baudelaire é tomado de escrúpulos. Ele acha que seus textos ainda não estão prontos e deseja revisá-los. Ao saber que a obra está quase pronta, ele exige que a produção seja interrompida, ao mesmo tempo reconhecendo que deveria restituir ao editor os gastos de tipografia que haviam sido feitos. Mas ele não tem esse dinheiro. Eis por que se volta para a mãe...

Paralelamente, ele procura multiplicar as colaborações aqui e ali para tentar escapar de seus endêmicos problemas financeiros.

O que não quer dizer que ele sempre entregue as encomendas que lhe são feitas. Por mais que prometa um libreto a Nestor Roqueplan, diretor do Ópera, ele não consegue escrevê-lo. Da mesma forma que não consegue se dedicar a um drama, apesar de gabar-se de poder facilmente elaborar um.

Em contrapartida, ele escreve sem a menor dificuldade um texto em parte autobiográfico, *Moralidade do brinquedo*, que envia ao *Monde littéraire*. Nele, faz uma apologia dos brinquedos, que tornam "a vida em miniatura" "bem mais colorida, limpa e brilhante do que a vida real". "Vemos ali", constata ele, "jardins, teatros, belas vestes, olhos puros como o diamante, faces acesas pela maquiagem, rendas encantadoras, carruagens, cavalariças, estábulos, bêbados, charlatães, banqueiros, atores, polichinelos que parecem fogos de artifício, cozinhas, e exércitos inteiros, bem disciplinados, com cavalaria e artilharia[1]".

A Presidenta, entrementes, não deixa de obcecá-lo. Em 3 de maio de 1853, ele lhe envia, de uma casa de prostituição de Versalhes, um segundo poema, mas sem bilhete de acompanhamento. Ele o batiza abstratamente de *Reversibilidade*. Dessa vez, são cinco estrofes de cinco versos alexandrinos, cada primeiro e último verso começando e terminando com o substantivo anjo: "Ó anjo cheio de alegria", "Ó anjo cheio de bondade", "Ó anjo cheio de saúde", "Ó anjo cheio de beleza" e, para terminar, "Ó anjo cheio de ventura e júbilo e clarões"[2].

Menos de uma semana depois, ele envia à Presidenta outro poema. Este não leva título, mas, a exemplo de *A uma mulher sempre alegre*, é acompanhado por uma carta: "Realmente, Madame, eu lhe peço mil desculpas por esta imbecil versejadura anônima, que cheira horrivelmente a infantilidade, mas o que fazer? Sou egoísta como as crianças e os doentes. Penso nas pessoas amadas quando sofro. Geralmente, penso na senhora em versos e, quando os versos estão prontos, não consigo resistir à vontade de mostrá-los à pessoa que é seu objeto. Ao mesmo tempo, eu me escondo, como alguém que tem um medo extremo do ridículo. Não há algo de essencialmente cômico no amor? – particularmente para aqueles que não foram atingidos por ele[3]".

No poema, Baudelaire evoca uma noite durante a qual, ao sair de uma festa, ele conduzira a Presidenta à Rue Frochot. Enquanto ela apoiava o braço no seu, Paris dormia e "junto às casas, por debaixo dos portais, gatos furtivos se moviam".

    Anjo infeliz, ela trauteava a nota aguda:
      "Aqui na Terra é tudo engano,

E mesmo que a si próprio alguém sempre se iluda,
   Revela-se o egoísmo humano;

Ser bela é ofício cujo preço se conhece
   É o espetáculo banal
Da bailarina louca e fria que fenece
   Com um sorriso maquinal;

Semear nos corações é sucumbir ao pranto;
   Finda-se o amor, vem a saudade,
Até que o Esquecimento os arremesse a um canto
   E os lance enfim à Eternidade!"

Muita vez evoquei esta lua encantada,
   Este silêncio noite afora,
E esta medonha confidência sussurrada
   Ao coração que a escuta agora[4].

Naturalmente, a Presidenta não se deixa enganar mais do que das duas últimas vezes, e ainda menos porque essa confissão diz respeito a uma situação vivida. E isso a diverte. Aliás, ela não fica insensível a esse homem obscuro e seco. Assim que o conhecera, ela entendera que a vida "impudente e escandalosa" que ele levava escondia uma alma que aspirava apenas ao êxtase. E depois ela vê, a cada jantar que organiza em seu apartamento, que ele não é da mesma categoria que seus demais convivas. Nem mesmo de Théo, que também lhe enviava cartas – inclusive quando viajava, pela Rússia ou alhures –, mas não escondia a sua identidade e usava um tom menos elegante. Théo a chamava de "cara Presidenta", "cara Lili", "Presidenta do meu coração" ou "cara Rainha de Sabá"; ele dizia que lambia seu pé, sua axila ou sua "glande bulbo-vaginal" e falava, entre ferocidades para com alguns de seus confrades, de "divertimentos desprezíveis" e de "noites solitárias e masturbatórias".

O que complica tudo é que Jeanne Duval fica doente e clama por Baudelaire a seu lado. Ela também não possui recursos e ainda precisa tomar conta da mãe idosa, que está morrendo. Quando esta morre, em 16 de novembro, Baudelaire é obrigado a cuidar dos gastos de sepultamento.

Sem dinheiro, ele escreve uma carta desesperada a Auguste Poulet-Malassis, que retomara a tipografia familiar em Alençon, e lhe implora alguns trocados – "uma quantia qualquer", pede ele, "pois está claro que não pode ser uma *grande*". Ele especifica: "Trata-se simplesmente de conseguir alguns dias de descanso e aproveitar para terminar coisas importantes que trarão um resultado positivo no mês que vem[5]". Depois confessa que sua vida, sua pobre vida, infelizmente será sempre feita de cóleras, de mortes, de ultrajes e, principalmente, de "descontentamento" de si mesmo.

Por "coisas importantes" ele quis dizer a continuação de suas traduções de Poe e a criação de não menos que três comédias.

Mas como sair dessa?

Baudelaire se aproxima de Hippolyte Tisserant, o ator mais aplaudido do teatro do Odéon nesses anos de 1850. Convencido de que escrever uma peça é uma brincadeira de criança, ele se compromete a criar para Tisserant um drama em cinco atos "baseado no devaneio, na indolência, na miséria, na bebedeira e no assassinato". Ele traça rapidamente um esboço e o intitula *O bêbado*, um pouco no espírito de *Demônio da perversidade* e *Coração revelador* de Poe – a história de um operário que mata a mulher e depois a joga no fundo de um poço e o recobre de pedras. "Sem imbróglios, sem surpresas", diz ele a Tisserant. "Simplesmente o desenvolvimento de um vício e os resultados sucessivos de uma situação.[1]"

No entanto, em vez de honrar o compromisso que acaba de assumir, ele volta à tradução dos contos de seu autor fetiche e envia novos poemas anônimos à Presidenta. Em fevereiro de 1854, ele lhe envia um primeiro soneto, *A aurora espiritual*, com um bilhete lacônico escrito em inglês, depois um segundo, cujas palavras iniciais são: "Que dirás esta noite, ó alma abandonada".

Na carta que acompanha o segundo soneto, ele diz ignorar o que as mulheres pensam das adorações que suscitam. Depois confessa à sua correspondente, sem rodeios: "Eu não sei se jamais me será concedida a doçura suprema de eu mesmo falar do poder que a senhora adquiriu sobre mim e da irradiação perpétua que sua imagem cria no meu cérebro. Estou simplesmente feliz, no momento presente, de jurar-lhe novamente que jamais o amor foi mais desinteressado, mais ideal, mais cheio de respeito, que aquele que nutro secretamente pela senhora e que esconderei sempre com o cuidado que este terno respeito me ordena[2]".

Baudelaire não para aí. Em 8 de maio, envia à Presidenta a mais longa das cartas que escrevera até então. Ele confessa que tem medo dela, que esse é o único motivo pelo qual sempre escondera sua identidade, que seus ardores são quase religiosos e que ela está presente em todos os seus sonhos – principalmente quando seu ser "está envolto no escuro" da maldade e da estupidez naturais.

"A senhora é para mim", escreve ele, "não apenas a mais atraente de todas as mulheres, mas ainda a mais cara e a mais preciosa das superstições. Eu sou um egoísta, eu me sirvo da senhora. Eis minha infeliz escrita. Quanto eu seria feliz se pudesse estar certo de que esses altos conceitos do amor têm alguma chance de ser bem-acolhidos num canto discreto de seu adorável pensamento. Jamais o saberei[3]". Depois segue, despretensiosamente, um hino em cinco estrofes que ele afirma ter composto "há muito tempo":

> À bem-amada, à sem-igual,
> À que me banha em claridade,
> Ao anjo, ao ídolo imortal,
> Saúdo na imortalidade!
>
> Ela se expande em minha vida
> Como ar impregnado de sal,
> E na minha alma ressequida
> Verte o sabor do que é imortal.
>
> Bálsamo fresco que inebria
> O ar de uma sagrada redoma,
> Pira esquecida que irradia
> Na noite o seu secreto aroma,
>
> Como, ó amor incorruptível,
> Posso expressar-te com verdade?
> Um grão de almíscar invisível
> A germinar na eternidade!
>
> À bem-amada, à sem-igual,
> Que me dá paz, felicidade,
> Ao anjo, ao ídolo imortal,
> Saúdo na imortalidade[4]!

Anjo, ídolo imortal, imortalidade, eternidade, vida eterna. Curiosamente, Baudelaire diviniza cada vez mais a Presidenta. De tal forma que quase confere ao seu *ardor* um aspecto incorpóreo. Como se esse amor, para ser um grande amor, um amor puro e verdadeiro, um amor inextinguível, *incorruptível*, só pudesse ser divino ou platônico.

Ele fixa em Madame Sabatier seu ideal amoroso, mas continua a ver outras mulheres, cujos endereços anota em seus cadernos. Entre elas há a atriz Marie Daubrun, com a qual tivera uma breve relação sete anos antes, na época em que ela encenava, na Porte-Saint-Martin, *La Belle aux cheveux d'or*, dos irmãos Cogniard.

Nesse meio-tempo, Marie Daubrun, uma jovem loira com rosto de madona, levara adiante sua carreira com certo sucesso. Ela interpretara, entre outros, *Le Feuilleton d'Aristophane*, uma comédia satírica coescrita por Banville e pelo muito culto Philoxène Boyer, um rapaz estranho de que Baudelaire gosta muito. No momento, ela está no Théâtre de la Gaîté, onde aparece num dos inúmeros melodramas de Louis Vanderburgh, *Le Sanglier des Ardennes*. É nessa ocasião que os dois antigos amantes se reencontram. Mais uma vez, eles se apaixonam um pelo outro, perguntam como puderam se separar. Baudelaire se esforça então em conseguir papéis principais para Marie e intervém em seu favor primeiro junto a Théophile Gautier, que está muito bem-informado sobre tudo o que acontece no mundo do teatro parisiense, depois junto a Paul de Saint-Victor, o crítico dramático do *Le Pays*, mas não tem sucesso.

Com o subtítulo de "Jornal do Império", fundado por Lamartine e pertencendo a um banqueiro, *Le Pays* é o periódico onde, a partir do mês de julho, começam a ser publicadas em folhetim as traduções dos contos de Poe a que Baudelaire se apegara, como se fosse de sua própria obra. Ou talvez sua salvação.

Ele não pode se queixar: ganha um pouco de dinheiro, o dinheiro que sempre lhe faltava e que sempre lhe escorria pelos dedos, e é colaborador de uma redação que reúne diversos autores talentosos. Quem ele prefere, de longe, é Barbey d'Aurevilly, cujo livro *Du dandysme et de G. Brummel* tanto o impressionara quando ele descobrira suas teses dez anos antes; Barbey d'Aurevilly que, além disso, é um dos frequentadores da casa da Presidenta na Rue Frochot. Baudelaire se sente ainda mais próximo dele porque sabe que Barbey é grande admirador e infatigável defensor das obras de Joseph de Maistre.

O que ele recebe com as traduções não lhe permite, no entanto, manter seu estilo de vida. Depois de viver dezessete meses na Rue Pigalle, ele aluga um quarto no Hôtel du Maroc, na Rue de Seine. Porém, uma vez instalado nesse novo endereço, ele cogita se não seria melhor entrar "em concubinato", como diz à sua mãe. "Preciso a todo custo de *uma família*", ele confessa; "é a única maneira de trabalhar e gastar menos".

Ele pensa em Maire Daubrun. E consegue se imaginar morando com ela.

Sem domicílio fixo

Mas o que impediria Baudelaire de viver com Marie Dubrun? O espectro de Jeanne, que o persegue? Sua adoração pela Presidenta? As duas coisas ao mesmo tempo?

Além disso, ele não fora sempre um ser indeciso, hesitante, irresoluto? Um homem instável? Um homem profunda e visceralmente contraditório, particularmente em seus atos e gestos da vida cotidiana?

Em apenas um mês, durante o primeiro trimestre do ano de 1855, ele muda de hotel seis vezes e passa de quartos insalubres a quartos modestamente mobiliados, ao mesmo tempo em que tenta encontrar uma moradia conveniente que ele mesmo possa mobiliar e cuja decoração seja o reflexo exato de suas vontades e de seus gostos. Ao mesmo tempo em que deseja ter a seu lado um cozinheiro e um mordomo...

E quem lhe diz que Marie Daubrun quer instalar-se sob o mesmo teto que ele? Ela tem uma personalidade forte e, assim como ele, não é uma criatura fácil. Sem contar que ela ainda não chegou aos trinta anos e pensa prioritariamente em sua carreira de atriz. E que ela ainda cuida de seus pais, que passam por dificuldades.

Enquanto o *Le Pays* prossegue em ritmo acelerado a publicação dos contos de Poe (dez, um após o outro, de 3 de fevereiro a 7 de março, por exemplo), Baudelaire propõe à redação do jornal uma série de três artigos críticos sobre a Exposição Universal que fora aberta em maio no Nouveau Palais des Beaux-Arts, na Avenue Montaigne. Apenas o primeiro dos três é aceito: um estudo sobre a ideia moderna de progresso aplicado à pintura e à escultura.

Isto é, sobre a ideia que Baudelaire faz do progresso.

> Há um erro muito em voga, do qual quero fugir como do Diabo. Refiro-me à ideia de progresso. Esse fanal obscuro, invenção do filosofismo atual, aprovado sem garantia da

> Natureza ou da Divindade, essa lanterna moderna projeta trevas sobre todos os objetos do conhecimento; a liberdade se esvai, o castigo desaparece.
> Quem quiser ver com clareza na história deve, antes de mais nada, destruir esse fanal pérfido. Essa ideia grotesca, que floresceu no terreno apodrecido da fatuidade moderna, isentou todos de seu dever, livrou todas as almas de sua responsabilidade, desvencilhou a vontade de todos os laços que o amor do belo lhe impunha: e as raças enfraquecidas – se essa aflitiva loucura durar muito tempo – adormecerão sobre o travesseiro da fatalidade no sono caduco da decrepitude. Essa presunção é o diagnóstico de uma decadência já demasiado visível[ca].

Os outros dois artigos são dedicados a Ingres e a Delacroix. Apesar de *Le Pays* recusá-los, Baudelaire não fica ressentido, pois, apenas alguns dias depois, dezoito de seus poemas são publicados na boa, velha e venerável *Revue des deux mondes*, precedidos, é verdade, por uma nota prudente da redação alertando que se trata de textos audaciosos. Eles são agrupados sob um título ainda inédito, *As flores do mal* – um título sugerido por Hippolyte Babou. Baudelaire conhecera esse escritor e crítico de 31 anos no *Le Corsaire-Satan*. Desde então, eles mantinham o hábito de se encontrar algumas vezes no Divan Le Peletier – onde Nerval infelizmente jamais voltaria, depois que fora encontrado, no fim do mês de janeiro, pendendo de uma claraboia, na Rue de la Vieille-Lanterne. Fora inclusive no *Monde littéraire*, a revista que Babou fundara em 1853, que Baudelaire publicara dois textos: seu pequeno ensaio *Moralidade do brinquedo* e uma tradução de Poe, *Filosofia do mobiliário*.

Dessa vez, ele não fica mais retocando continuamente seus poemas, inclusive os já publicados aqui e ali há uma longa década. No entanto, ele não sabe direito a que editor oferecê-los. Auguste Poulet-Malassis? Victor Lecou? Michel Lévy, a quem Nerval confiara suas últimas obras e que comprara de um colega, D. Giraud, *Lorely* bem como *Les filles du feu*?

E por que não Louis Hachette? Ele está bem-inserido no meio universitário e, desde 1852, controla também a novíssima rede das bibliotecas de estações de trem. Além disso, ele acaba de publicar *Fontainebleau*, uma obra coletiva para a qual Baudelaire colaborara, bem como Nerval, Banville, Asselineau e ainda Béranger, sempre no auge da glória apesar de não publicar um livro há vinte anos.

Baudelaire trata finalmente com Michel Lévy, visto que este anunciara em 1846 a publicação "iminente" de *As lésbicas* e, em 1848, a também "iminente" de *Os limbos*. Contudo, em vez de se entender sobre *As flores do mal*, os dois negociam contos de Poe e, em 3 de agosto, Baudelaire vende a Michel Lévy sua tradução das *Histórias extraordinárias* e das *Novas histórias extraordinárias*. No contrato, fica estipulado que o tradutor receberá uma remuneração fixada no duodécimo do preço de venda dos volumes, de uma tiragem inicial de seis mil e seiscentos exemplares, o que é bastante.

Nessa época, ele ocupa um quarto no Hôtel de Normandie, na Rue Neuve-des-Bons-Enfants, ali onde o *pobre* Nerval vivera os últimos meses de sua trágica e dolorosa existência. É um endereço provisório, ele sabe; ainda está à procura do apartamento para onde se mudaria, de preferência com Marie Daubrun. Mas eis que, inesperadamente, Marie abandona o Gaîté onde estivera empregada e atuava, aceitando partir de imediato com uma trupe em turnê pela Itália...

Esperando que ela volte para a França o mais cedo possível, Baudelaire envia uma calorosa carta de recomendação a George Sand. Não sem certa ironia, já que relata num pósescrito ter-se perguntado – correndo o risco de desagradar à sua correspondente e passar por impertinente – como deveria escrever seu nome: Madame Sand, Madame Dudevant ou Madame a baronesa Dudevant. Ele pensa que, se a célebre romancista puder fazer alguma coisa por sua amante e encontrar-lhe um emprego num teatro de Paris, ele poderia sem dúvida *entrar em concubinato* com Marie...

Durante algumas semanas, ele volta para um quarto mobiliado da Rue de Seine, rua do Hôtel du Maroc, uma de suas moradias anteriores, depois acaba encontrando um lugar – sem mobília – na Rue d'Angoulême-du-Temple, no bairro do Boulevard du Temple, onde fervilham as pequenas oficinas, os afiadores, os funileiros, os reparadores de porcelana, os alfaiates, os vendedores de cachimbos... Para poder pagar o aluguel que o proprietário exige, apela de novo à Sra. Aupick, a qual, desde o início do ano, mora a maior parte do tempo com o marido numa casa que eles haviam mandado construir em Honfleur sobre uma falésia. Ela fala, naturalmente, com Ancelle. E, com o consentimento inesperado de seu conselheiro, aceita conceder ao filho um adiantamento.

Poe nas livrarias

Ao contrário do que esperara, Baudelaire não fica satisfeito com a nova moradia na Rue d'Angoulême-du-Temple. Ainda mais porque Marie Daubrun não quisera morar com ele. No seu lugar, ele se resignara em voltar a morar com Jeanne Duval, sua eterna virago. Diante de estranhos, com medo de constrangê-los, ele a chama de "minha mulher".

O espetáculo do mundo, a evolução das ideias, também o irritam cada vez mais, e a grande maioria dos livros que cai em suas mãos lhe inspira um sentimento de lassidão e nojo. Ele proclama isso alto e claro a Alphonse Toussenel, um dos mais fervorosos discípulos de Fourier, convertido ao estudo dos animais e da caça depois que este último lhe oferecera um de seus livros sobre o "espírito das feras" e as aves.

Numa carta enviada em janeiro de 1856, Baudelaire escreve que a imaginação é a mais "científica" das faculdades, pois somente ela entende "a *analogia universal* ou o que uma religião misteriosa chama de *correspondência*". "Porém, quando quero imprimir essas coisas, dizem que sou louco – e principalmente obcecado por mim mesmo – e que só odeio os pedantes porque minha educação é falha". Mais uma vez, como em seu artigo sobre a Exposição Universal, ele culpa o progresso e cita Joseph de Maistre, "o grande gênio de nosso tempo", o "visionário". Depois afirma:

> Todas as heresias às quais eu fazia alusão há pouco não passam, no fim das contas, da consequência da grande heresia moderna, da doutrina *artificial* substituída à doutrina natural – quero dizer a supressão da ideia do *pecado original* [...] a *natureza* inteira participa do pecado original[1].

Por sorte, a publicação em março das *Histórias extraordinárias* de Poe por Michel Lévy lhe traz um pouco de alegria.

Como quer a todo custo defender e tornar conhecido o livro, Baudelaire não hesita em dirigir-se diretamente a Sainte-Beuve, o mais importante e perspicaz dos críticos literários, principalmente por suas *Causeris du lundi*, publicadas no *Moniteur universel*. É "preciso", diz Baudelaire, tornar Poe – que não é "grande coisa" na América – um "grande homem" para a França. Ele não duvida que Sainte-Beuve, com a particular autoridade de que goza, falará dele em termos elogiosos num de seus próximos artigos.

Essa alegria, no entanto, dura pouco. Em casa, sua relação com Jeanne continua terrivelmente tempestuosa e, além disso, ele descobre que Marie, que voltara da turnê italiana, reatara com Banville – *abalos* que o impedem de se concentrar nas traduções dos contos de Poe para a obra *Novas histórias extraordinárias*, cujo manuscrito Michel Lévy aguarda com impaciência.

Despeitado, ele deixa sua casa recém-mobiliada da Rue d'Angoulême-du-Temple e mergulha novamente no mundo aleatório dos pequenos quartos mobiliados. Baudelaire instala-se no Hôtel Voltaire, no cais de mesmo nome. Mas sem Jeanne, que voltara a ficar doente e com a qual, cansado de brigar, ele rompera mais uma vez.

É como uma libertação. Como se, saindo de um sórdido cárcere, ele recuperasse subitamente o gosto pela vida. Nas suas anotações – que servem ao mesmo tempo de diário íntimo, de lembrete, de agenda e de rascunho –, ele escreve que "o gosto pela concentração produtiva deve substituir num homem maduro o gosto pela dissipação". Ele toma coragem de se *fustigar* para recuperar a energia do trabalho.

Assim, sua disposição é quase excelente quando ele reencontra Michel Lévy, na Rue Vivienne, no outono de 1856. Baudelaire garante-lhe que a tradução das *Novas histórias extraordinárias* está chegando ao fim e que ele está pronto para iniciar a de *O relato de Arthur Gordon Pym*. O contrato para esse livro é logo assinado, ainda que os direitos de tradução de Baudelaire sejam reduzidos para a décima quinta parte do preço de venda dos volumes. E, a fim de penalizar Baudelaire por ter se atrasado, Michel Lévy decide pagar-lhe pelo romance de Poe somente após a publicação das *Novas histórias*.

E *As flores do mal*?

Ao que tudo indica, Michel Lévy não as quer mais. Em sua imponente produção, as coletâneas de poesia são minoritárias e, desde que se tornou um editor de sucesso, ele está muito menos disposto do que antes a publicá-las.

Um dia, num acesso de mau humor, Baudelaire declara sempre poder recorrer a Auguste Poulet-Malassis. Michel Lévy se apressa em tirar partido disso.

Nesse fim de ano de 1856, Poulet-Malassis, que se associara ao cunhado, Eugène de Broise, ainda edita *Le Journal d'Alençon* e algumas brochuras, mas também pretende publicar mais livros e ter uma oficina em Paris, onde poderia escoá-los em melhores condições. Ele se ligara a Asselineau, que de certo modo exercia junto a ele o papel de conselheiro literário – apesar de, graças a seu grande discernimento pessoal e à sua vasta erudição, ele pudesse perfeitamente se virar sozinho.

Quando Baudelaire contata Poulet-Malassis para falar-lhe de *As flores do mal*, ele desconhece que este está negociando com Banville, que se tornara seu rival, para uma coletânea batizada *Odes funambulesques*.

Em 30 de dezembro, ele assina um contrato que prevê a edição de dois volumes por Poulet-Malassis e De Broise, não apenas *As flores do mal*, mas também um obra que reuniria artigos sob o título provisório de *Bric-à-brac estético*. A tiragem prevista é de mil exemplares. Mais de seis vezes menos que a das *Histórias extraordinárias*, cujas vendas nas livrarias são muito boas e que Michel Lévy, depois de três meses, já mandara reimprimir sem corrigir as trocas e os erros tipográficos.

Tampouco os contrassensos e os mal-entendidos, pequenos pecados veniais de Baudelaire, anglicista por paixão e não por razão.

O crápula, o ignorante

Com a assinatura do contrato sobre *As flores do mal*, Baudelaire revisa escrupulosamente os poemas que vem escrevendo há cerca de quinze anos. Em fevereiro de 1857, ele os envia a Poulet-Malassis, em Alençon. A perspectiva de vê-los finalmente reunidos em livro ocupa bastante a sua mente. Ele acha que seria bom se alguns pudessem já ser publicados em revistas pouco antes de a coletânea ser impressa – como se tornara comum com os romances surgidos em folhetim, dia após dia, semana após semana, nos jornais e periódicos. Sua tradução de *O relato de Arthur Gordon Pym* está sendo publicada no *Moniteur universel*, ao mesmo tempo em que Michel Lévy se prepara para lançar as *Novas histórias extraordinárias*. Tiragem inicial: seis mil e seiscentos exemplares. Como a das *Histórias extraordinárias*.

Sem demora, Baudelaire volta-se para a *Revue française*, dirigida por um erudito de Lyon, Jean Morel, que é o oposto, literária e politicamente, da *Revue des deux mondes*, que em junho de 1855 publicara dezoito poemas de *As flores do mal*. De sua parte, é um tipo de desafio, de bravata e de irreflexão. Mas é também uma atitude interesseira e inteligente, pois o número de abril da *Revue française* publica nove poemas extraídos da coletânea preparada por Poulet-Malassis.

Baudelaire fiscaliza seu editor e seu livro de muito perto. Ele se revela dos mais detalhistas, dando extrema importância à composição e à paginação de seus textos, examinando cada palavra, verificando se os itálicos e os hífens de que tanto gosta foram bem-impressos e se a ordem que ele quer para os poemas foi perfeitamente respeitada. Ele sabe que exaspera Poulet-Malassis, mas acredita estar no seu direito.

Da mesma forma, ele se arroga o direito de criticá-lo. O escritor acha que o catálogo de Poulet-Malassis contém nomes de autores totalmente insignificantes e que "todo mundo vai zombar[1]" de um editor que não se dá ao trabalho de classificar cuidadosamente seus títulos. E sugere, para que Poulet-Malassis não perca o prestígio, ordená-los por categorias – categorias que ele mesmo designa, como que passando instruções: economia, filosofia racionalista, iluminismo, maçonaria, ciências ocultas, chistes e curiosidades, romances, viagens (categoria que ele julga fundamental).

Numa das inúmeras cartas que lhe envia, Baudelaire diz que não entende por que um homem como Poulet-Malassis, um homem que ama sinceramente o século XVIII, insiste em passar deste uma ideia tão pobre.

> Eu, que sou um notável exemplar de crápula e ignorância, teria feito um catálogo deslumbrante somente com a lembrança de minhas leituras, do tempo que eu lia o século XVIII [...][2].

Assim, ele o aconselha a reeditar *As ligações perigosas*, de Choderlos de Laclos, *Os incas*, de Jean-François Marmontel, ainda as *Cartas persas*, de Montesquieu.

Ele está em plena discussão epistolar com seu editor de Alençon quando, em 28 de abril, o general Jacques Aupick morre aos 68 anos em sua casa da Rue du Cherche-Midi. Baudelaire não fica nem um pouco surpreso de não encontrar seu nome nas cartas de participação anunciando as exéquias.

Na ocasião, ele revê com o maior desprazer Jean-Louis Émon, um dos participantes da reunião de família de 1844 que exigira que ele fosse colocado sob tutela judicial. Ele imagina, no entanto, que as relações com sua mãe sem dúvida assumirão um caráter novo, apesar de já terem melhorado muito desde que a Sra. Aupick voltara de Madri. A partir de agora, ele será o único "naturalmente encarregado" de sua felicidade. E não é porque ela pretende logo se retirar para a casa na costa normanda que ele deve se subtrair de seu dever.

Alguns dias depois, *L'Artiste*, que desde 1852 tem como um de seus diretores Édouard Houssaye, irmão de Arsène Houssaye, publica três poemas de *As flores do mal* e anuncia o lançamento iminente da coletânea nas livrarias.

Baudelaire fica maravilhado: quanto maior a quantidade de alusões a seu livro, diretas ou indiretas, mais elas lhe trazem proveito. Como ele conhece bem o funcionamento dos jornais, sabe que a distribuição para a imprensa é importante; assim, fornece uma lista de nomes escolhidos a dedo para Poulet-Malassis e De Broise. Em primeiro lugar, coloca Théophile Gautier, já que dedicou a ele *As flores do mal*. Seguem Sainte-Beuve, que ainda nada dissera sobre os contos de Poe, nem em suas *Causeries du lundi* nem alhures, Charles Asselineau e Jules Barbey d'Aurevilly, é claro, Louis Veuillot, o escritor católico que conhecera na época em que andara com o bando de Nadar e cuja pluma ele sabe perigosa, Leconte de Lisle, e o excelente "homem de espírito e de talento[3]" que é o crítico Philarète Chasles... E ainda o ministro da Instrução Pública, pois este lhe concedera, no mês de julho, uma "compensação" por sua tradução das *Histórias extraordinárias*.

Na lista, há também escritores anglo-saxões, como Henry Longfellow, Robert Browning, Alfred Tennyson ou Thomas de Quincey, cujas *Confissões de um comedor de ópio*, uma das bíblias do romantismo, causaram forte impressão em Baudelaire e inspiraram as páginas que ele escrevera em 1851 sobre as drogas.

O último nome mencionado é o da personalidade mais célebre: Victor Hugo.

Finalmente nasce a *criança*

É no dia 25 de junho de 1857 que *As flores do mal* é colocado à venda no depositário parisiense de Poulet-Malassis e De Broise, um livreiro – católico! – situado no nº 4 da Rue de Buci*.

Os poemas contidos na coletânea, Baudelaire os levara todos ao mais fundo de sua alma, alguns com furor, outros com paciência; eles os alimentara com seu sangue, sua carne, seu suor. São autênticas confissões, a exemplo das de Jean-Jacques Rousseau.

Com a diferença de que estão divididas num grande número de curtas sequências (sonetos e outros) e que estão versificadas. Elas falam sobre a angústia de ser e de viver, apelam sucessivamente a Deus e a Satã, a Cristo e a Caim, celebram o êxtase e a luxúria, os arrebatamentos da carne e seus infinitos tormentos. E, na maioria das vezes, sem rodeio algum, sem dissimulação, sem subterfúgios.

Ao lerem *As flores do mal*, os amigos e familiares de Baudelaire evidentemente percebem que se trata de uma obra autobiográfica. Seu criador é encontrado em cada página, quase a cada estrofe, e também seu *spleen*, seu gosto pela errância e pela solidão na multidão, suas adjurações, suas blasfêmias, seus paradoxos, sua *assustadora* lucidez. Eles veem que aqui ele fala de Jeanne Duval, ali de Marie Daubrun, mais adiante de Sara la Louchette, em outro lugar da *divina* Presidenta. Impossível imaginar outro escritor por trás dessas rimas incandescentes, apesar das influências e reminiscências de Victor Hugo, Théophile Gautier ou Sainte-Beuve na formulação e expressão, ou de Joseph de Maistre, Thomas de Quincey, Pétrus Borel ou Edgar Allan Poe nas ideias. E eles são praticamente unânimes em apreciar a coletânea e louvar sua extrema maestria.

---

* Esse endereço em Paris é mencionado na capa. (N.A.)

Mas eis que o *Le Figaro* publica, em 5 de julho, um artigo que Baudelaire não esperava. A nota, bastante curta, é assinada por Gustave Bourdin, genro do diretor do jornal. Ao mesmo tempo em que afirma não ter um julgamento a fazer nem sentença a pronunciar, Bourdin denuncia com virulência a imoralidade de quatro poemas. De seu ponto de vista, nada justifica dar livre curso a "semelhantes monstruosidades", a não ser, ele dá a entender, que quem as escreveu não esteja em sã consciência. "O odioso", observa Bourdin, "está ao lado do ignóbil; e o repugnante se alia ao infecto".

Dois dias depois, a direção geral da Segurança Pública recebe um relatório e é informada de que treze, e não quatro, poemas de *As flores do mal* constituem um "desafio lançado às leis que protegem a religião e a moral" e "a expressão da lubricidade mais revoltante". O Ministério Público acorre imediatamente.

Alertado, Baudelaire escreve a Poulet-Malassis e a De Broise e pede que eles escondam o restante da tiragem de sua coletânea, aproximadamente novecentos exemplares ainda não colocados em circulação. Segundo boatos que ouviu, existe um grande risco de apreensão. Risco que é agravado por um novo artigo do *Figaro* com a assinatura de um certo J. Habans, datado de 12 de julho. Dessa vez, fala-se dos "horrores de ossários expostos a frio", de "abismos de imundices vasculhadas com as mãos e as mangas arregaçadas", que deveriam mofar numa gaveta maldita.

É demais. Quatro dias depois, o Ministério Público manda apreender o livro e instaura uma ação judicial contra o autor e seus editores. Assim que fica sabendo da má notícia, Baudelaire decide advogar sua causa junto ao Ministro de Estado e da Casa do Imperador, Achille Fould. Ele assegura que não se sente nem um pouco culpado. "Estou, ao contrário, muito orgulhoso de ter produzido um livro que apenas emana o terror e o horror do Mal. Eu, portanto, renunciei a utilizar esse meio. Se for preciso me defender, saberei fazê-lo convenientemente[2]".

Baudelaire também contrata um advogado de renome, Me Chaix d'Est-Ange. Ele lhe confessa que não entende por que o Ministério Público incrimina apenas treze dos cem poemas de sua coletânea. Ele acredita que essa "indulgência" é funesta. "O livro", diz ele, "deve ser julgado *no seu conjunto*, quando então transparece uma terrível moralidade". Depois especifica: "Meu único erro foi ter contado com a inteligência universal e não ter feito um prefácio no qual poderia ter formulado meus princípios literários e afastado a questão tão importante da Moral[3]".

Quais escritores poderiam interceder em seu favor no meio literário?

Baudelaire pensa em Gautier, que tem boas relações com pessoas de posição elevada, e em Barbey d'Aurevilly, cujas crônicas no *Pays* são muito lidas.

Também em Prosper Mérimée, não tanto por ele ser um escritor ilustre, mas porque é o único "literato" no Senado.

E depois em Sainte-Beuve, que ele costuma chamar de seu protetor e com quem se corresponde há vários anos. Sainte-Beuve que, justamente, acha que alguns dos poemas incriminados são os melhores do volume.

Talvez ele também devesse, além disso, contar com uma mulher...

Sem refletir demais, ele pensa em *sua* Presidenta.

Em 18 de agosto, dois dias antes que a Vara Correcional se pronuncie, ele envia uma carta para Madame Sabatier, mas sem disfarçar sua letra e sem conservar o anonimato.

> Cara Madame,
> A senhora não acreditou um único instante, não é?, que eu pudesse esquecê-la.
> [...]
> Esta é a primeira vez que lhe escrevo com minha verdadeira letra. Se eu não estivesse sobrecarregado de processos e cartas (a audiência será depois de amanhã), eu aproveitaria a ocasião para pedir-lhe perdão por tantas loucuras e infantilidades. Mas, por outro lado, a senhora não se vingou o su-

> ficiente, principalmente com sua irmãzinha? Ah, o pequeno monstro! Ela me deixou gelado, um dia em que, quando nos encontramos, ela soltou uma grande gargalhada na minha cara e disse: *o senhor continua apaixonado por minha irmã e ainda lhe escreve magníficas cartas?* Eu entendi, primeiro, que, quando quis me esconder, o fiz muito mal, e, depois, que, sob seu charmoso rosto, a senhora disfarça um espírito pouco caridoso. Os garotos são apaixonados, mas os poetas são *idólatras*, e sua irmã não foi feita, acredito, para entender as coisas eternas[4].

Nessa carta, ele faz alusão a seus juízes "abominavelmente feios", monstros como o substituto do procurador imperial, o "temível" Ernest Pinard. Depois ele evoca Flaubert que, em fevereiro do mesmo ano, diante do mesmo tribunal e magistrado, beneficiara-se com uma absolvição após ter sido perseguido por *Madame Bovary*. "Flaubert tinha para si a imperatriz. Falta-me uma mulher. E o pensamento *estranho* de que talvez a senhora possa, por relações e canais talvez complicados, fazer chegar uma palavra sensata a uma dessas grandes mentes tomou conta de mim há alguns dias[5]."

Depois de assinar Charles Baudelaire, ele acrescenta: "Todos os versos entre as páginas 84 e 105 vos pertencem".

Entre esses, figura um poema intitulado *À que está sempre alegre* – na verdade o título definitivo dado ao *A uma mulher sempre alegre*, primeiro de todos os poemas enviados por Baudelaire à Presidenta, mais de quatro anos e meio antes. Como que por acaso, ou de propósito, esse é um dos poemas que o Ministério Público julga ultrajante à moral pública.

Uma dupla derrota

A audiência da 6ª Vara Correcional, diante da qual Baudelaire se apresenta, acontece em 20 de agosto de 1857. Convencido de sua boa-fé e de suas boas intenções, ele espera que o processo resulte em improcedência. Ele se sente inclusive muito confiante quando Ernest Pinard, apenas um ano mais novo, inicia seu discurso. O poeta temia uma acusação de praxe, palavras excessivas, apreciações tendenciosas e retorcidas, mas descobre com surpresa no "temível" substituto do procurador imperial um tom bastante moderado.

Em suas palavras, Pinard busca de fato ser o mais legalista possível, apesar da noção de ofensa à moral pública e à moral religiosa entremearem em grande parte a interpretação dada. Para ele, está claro, Baudelaire errou ao escrever poemas licenciosos e contrários aos bons costumes. E Pinard cita cuidadosamente as diversas passagens do livro que julga nefastas e obscenas. Particularmente excertos do famoso poema *À que está sempre alegre*, cujo último verso, dos mais explícitos – "Infundir-te, irmã, meu veneno" – lhe parece inadmissível.

Ele não condena *As flores do mal* como um todo, quer apenas que sejam expurgadas da coletânea algumas de suas partes. "Reagi", diz ele aos juízes, "[...] contra esta febre malsã que induz a tudo pintar, a tudo descrever, a tudo dizer, como se o delito de ofensa à moral pública estivesse revogado, como se essa moral não existisse." Mas ele pede, por outro lado, que os juízes sejam indulgentes para com Baudelaire, "um espírito atormentado", "uma natureza inquieta e sem equilíbrio", assinala. No fundo, são as palavras de um funcionário visivelmente dividido entre sua consciência e seu dever.

Semelhantes escrúpulos, sinceros ou mentirosos, não são compartilhados por Mᵉ Chaix d'Est-Ange. Em sua defesa, pronunciada sem grande convicção, ele faz uma espécie de conferência sobre a literatura ousada. Ou mais exatamente uma visão geral dos autores que, antes de Baudelaire, falaram do mal e do vício em suas obras. Ele cita um após o outro: Dante, Molière, La Fontaine, Voltaire, Balzac, Musset, Béranger (que acabara de morrer em julho), Gautier (e seu romance *Mademoiselle de Maupin*), Sand... Ele cita também Lamartine e seu poema *Désespoir*, que ninguém consideraria, afirma ele, um ultraje à moral religiosa. Em sua lista, ele não omite Barbey d'Aurevilly, mas na ocasião cita apenas um artigo elogioso que o escritor católico dedicara a *As flores do mal* e que deveria ser publicado no *Le Pays*, texto que fora colocado à disposição dos juízes – uma brochura preparada e elaborada por Baudelaire.

Em suma, a estratégia de Mᵉ Chaix d'Est-Ange repousa num postulado bastante simples, até mesmo simplista, mas sem fundamento jurídico sólido: já que nenhum desses autores citados em apoio fora condenado por imoralidade pelos tribunais, não há razão alguma para punir Baudelaire.

A sentença é anunciada no mesmo dia.

> Dado que o erro do poeta – no objetivo que ele queria alcançar e no caminho que ele seguiu, apesar do esforço estilístico que ele possa ter feito, seja qual for a censura que preceda ou que resulte de suas descrições – não poderia destruir o efeito funesto das cenas que ele apresenta ao leitor, e que, nas partes incriminadas, conduzem necessariamente à excitação dos sentidos através de um realismo grosseiro e ofensivo ao pudor[1].

Com base nisso, o tribunal ordena que seis poemas de *As flores do mal* sejam suprimidos: *À que está sempre alegre, As joias, O Letes, Lesbos, As metamorfoses do vampiro* e o longo poema que começa com o verso "À tíbia luz das lamparinas voluptuosas". Além disso, ele condena Baudelaire a trezentos francos de multa e os dois editores, Poulet-Malassis e De Broise, a cem cada um.

Depois da audiência, Baudelaire confessa a Asselineau que não esperava esse veredicto e que chegara a acreditar que o tribunal lhe faria uma "reparação de honra". Ele diz que se trata de um lamentável mal-entendido, que sempre considerara a literatura e as artes a serviço da moral. E chega a falar em "aventura ridícula" e "comédia", uma comédia que "durou muito tempo", conforme escreve a Flaubert, em resposta a duas cartas em que este último manifestara seu apoio e sua simpatia.

No dia seguinte, uma multidão de curiosos se precipita à Rue de Buci para comprar *As flores do mal* e conhecer as seis peças condenadas, ao mesmo tempo em que os amigos de Baudelaire se põem a recitá-las em voz alta e clara nos restaurantes e cafés que habitualmente frequentam.

Dez dias depois, contra todas as expectativas, o mártir da literatura que ele de repente se tornara recebe uma carta de Victor Hugo, que lhe garante que seus poemas de *As flores do mal* "cintilam e ofuscam como estrelas". Escrevendo de Guernesey, onde se refugiara em 1855, depois de viver em Bruxelas e em Jersey, Hugo se rejubila com a ideia de fustigar a justiça imperial:

> Uma das raras condecorações que o atual regime pode conceder, o senhor acaba de recebê-la. O que ele chama de sua justiça condenou o senhor em nome do que ele chama de sua moral; esta é uma coroa a mais. Eu vos aperto a mão, poeta[2].

Essas palavras convencem Baudelaire a não recorrer da sentença.

É nesse momento que acontece algo em que ele já não acreditava mais, algo que até então só pertencia a seus desejos mais impenetráveis, a seus sonhos eróticos privados: Apollonie Sabatier, a Presidenta, entrega-se a ele no pequeno hotel da Rue Jean-Jacques-Rousseau. E ela diz que o ama, que nunca conhecera alguém tão belo, tão adorável, tão amante. E ele confessa por sua vez que fora dela totalmente, de corpo, de espírito e de coração, desde o primeiro dia em que a vira.

Contudo, Baudelaire rapidamente se dá conta de que o fabuloso romance que ele construíra em sua cabeça, uma história de amor imaginária, começava, em apenas uma hora, a desmoronar. Uma mulher inacessível fora durante anos o objeto de sua exaltação e adoração, mas fora uma mulher como outra qualquer que ele tivera em seus braços e com a qual desajeitadamente fizera amor. Ela era sua divindade – e, enquanto assim permanecesse, continuaria magnífica e inviolável. Ele também se dá conta de que não tem mais fé para amar, para amar uma mulher generosa e digna de respeito.

No dia 31 desse memorável mês de agosto de 1857, ele escreve à Presidenta. Em sua carta, Baudelaire recorre a subterfúgios, evoca Mosselman, que continua mantendo-a como amante, "um homem honesto que tem a sorte de ainda estar apaixonado". Ele diz que tem medo, medo dela e principalmente medo de si mesmo, de sua "própria tempestade", que ele teme ficar ciumento cedo ou tarde, que seria um "horror" chegar a tanto.

> Eu sou um pouco fatalista. Mas o que eu sei é que tenho horror da paixão – porque a conheço, com todas as suas ignomínias – e eis que a imagem bem-amada que dominava todas as aventuras da vida torna-se sedutora demais[3].

Resumindo, ele foge, vencido pelas armadilhas pueris e deliciosas que armara. Impotente, como sempre, para governar seus desejos, para unir as loucas pulsões de seu duplo ser, ao mesmo tempo interessado e repugnado, exaltado e decepcionado, crédulo e incrédulo, místico e pecador, sedutor e bruto.

O mal de viver

Assim que Baudelaire anuncia à Presidenta que se sente incapaz de amá-la e que a partir de então ela se tornará sua "insuportável obsessão", Jeanne, uma vez mais, pede socorro.

Ela está muito mal, se queixa e geme sem cessar, sofre atrozmente quando precisa se deslocar. Jeanne está devastada pelo vinho de má qualidade, o vinho dos trapeiros, garrafas que ela engole a qualquer hora do dia e da noite, devastada pelas desgraças que não a deixam mais.

Mas o que ele pode fazer? O que ele ainda pode oferecer-lhe, ele que é tão orgulhoso, tão vaidoso? Ele que acredita que o tribunal o humilhou, que tem a horrível sensação de acumular a contragosto reveses e fracassos.

Baudelaire tenta ajudar Jeanne do jeito que pode, consumindo os parcos rendimentos produzidos por seus escritos. Sente vontade de compor pequenos poemas em prosa, à maneira de Aloysius Bertrand e seu *Gaspard de la nuit*, cuja primeira edição, póstuma, de 1842, por muito tempo circulara pelo cais nas caixas dos vendedores de livros. Seis são publicados em 24 de agosto de 1857 no *Le Présent*, uma revista bastante modesta, sob o título geral de *Poemas noturnos*. Dentre eles está *Um hemisfério numa cabeleira*, uma ode aos cabelos "elásticos e rebeldes" de uma mulher negra, lembranças de seus divertimentos da época em que viajara, aos vinte anos, no *Paquebot-des-Mers-du-Sud* – um belo texto sensual que nada tem de noturno.

Cada vez mais, também, ele anota suas reflexões e observações em páginas que intitula ora *Projéteis*, ora *Meu coração a nu*, títulos tomados da *Marginália* de Poe – conjunto de considerações críticas e teóricas publicadas em diversos jornais americanos que Baudelaire pensa em traduzir.

Como mantém boas relações com o *Le Présent*, ele lhe apresenta seu velho projeto de dedicar um estudo à caricatura.

Baudelaire trabalha nele sem parar durante o mês de setembro, em seu quarto de hotel do Quai Voltaire; porém, são momentos frequentemente difíceis, durante os quais ele não sabe direito onde está e não acredita mais em muita coisa, principalmente na felicidade ou na lucidez de seus contemporâneos.

Seu estudo é publicado em dois números, em 1º e 15 de outubro, o primeiro relativo aos caricaturistas franceses, o segundo, aos estrangeiros. Ocasião para voltar a falar, entre outros, de Honoré Daumier, um dos homens mais "importantes" da arte moderna, com suas impressionantes charges políticas. "É uma barafunda, um cafarnaum, uma prodigiosa comédia satânica, ora burlesca, ora sangrenta, em que desfilam, enfatiotadas em roupas variadas e grotescas, todas as honorabilidades políticas.[1]" Ocasião também para evocar de novo Grandville e Gavarni. Sem esquecer, entre os estrangeiros, Hogarth e Goya, representando o "cômico eterno". "Goya", escreve Baudelaire, "é sempre um grande artista, com frequência assustador. Ele une à graça, à jovialidade, à sátira espanhola do bom tempo de Cervantes um espírito bem mais moderno ou, pelo menos, que foi bem mais escrutado nos tempos modernos, o amor pelo inapreensível, o sentimento pelos contrastes violentos, pelos espantos da natureza e pelas fisionomias humanas estranhamente animalizadas pelas circunstâncias[2]."

Três dias depois da publicação de *Alguns caricaturistas estrangeiros* no *Le Présent*, é a vez do *L'Artiste* acolher outra contribuição sua. Trata-se de um artigo sobre *Madame Bovary* de Flaubert, iniciado no mês de agosto, que Baudelaire deveria ter escrito antes e cuja redação fora retardada pelo processo de *As flores do mal*. Seu primeiro parágrafo: "Em matéria de crítica, a situação do escritor que vem depois de todo mundo, do escritor retardatário, comporta vantagens das quais não dispunha o escritor profeta, aquele que anuncia o sucesso e o comanda, por assim dizer, com a autoridade da audácia e do devotamento[3]".

No texto, ele se revela muito *político*, mas de modo algum à maneira caricatural de Daumier. Pelo contrário, ele agradece à magistratura francesa pelo "fulgurante exemplo de imparcialidade e de bom gosto que ela deu" quando se pronunciou sobre o romance de Flaubert – e que romance! O romance "mais imparcial, o mais leal", "um verdadeiro desafio, uma aposta, como todas as obras de arte[4]". Com isso, ele continua mostrando que acredita na justiça de seu país e que a condenação que ele mesmo sofrera não passara de um mal-entendido.

Ele tem tanta certeza disso que, em 6 de novembro, não hesita em escrever uma carta à imperatriz Eugénie.

> Madame,
> É preciso toda a prodigiosa presunção de um poeta para ousar ocupar a atenção de Vossa Majestade com um caso tão pequeno quanto o meu. Tive a infelicidade de ser condenado por uma coletânea de poesias intitulada *As flores do mal*, e a horrível franqueza de meu título não me protegeu o suficiente. Eu acreditara ter feito uma bela e grande obra, sobretudo uma obra clara; ela foi julgada obscura o bastante para que eu fosse condenado a refazer o livro e cortar alguns pedaços (*seis de cem*). Devo dizer que fui tratado pela Justiça com admirável cortesia e que os próprios termos do julgamento implicam o reconhecimento de minhas altas e puras intenções[5]...

Tomadas essas precauções, ele pede a remissão da multa que deve, pois a soma ultrapassa, afirma, "as faculdades da proverbial pobreza dos poetas". E, depois de se gabar por ter recebido provas de estima de amigos de alta posição, ele roga à imperatriz que intervenha pessoalmente por ele junto ao ministro da Justiça.

Mas Baudelaire não está bem, nem física nem moralmente. Ele se sente diminuído, como que aniquilado. Conforme conta à mãe, ele sente um "imenso desânimo, uma sensação de isolamento insuportável, um medo eterno de uma vaga desgraça". Ele não tem desejo algum, parece-lhe impossível encontrar "um divertimento qualquer". O sucesso de *As flores do mal* e o ódio que a coletânea suscitara quase não o interessam mais.

Para que escrever, "preparar ficções"? "Não lembro jamais ter me arrastado tanto tempo na tristeza", escreve ele à Sra. Aupick.

Existe ainda o desespero permanente de sua pobreza, as numerosas dívidas de que ele não consegue livrar-se, às quais se somam "singulares estufamentos e problemas de intestino e de estômago que duram há meses". "Tudo o que eu como me estufa ou me dá cólicas. Se o moral pode curar o físico, um violento trabalho contínuo curará – mas é preciso querer – uma vontade enfraquecida; círculo vicioso[6]."

Única e pálida claridade: ele descobre com um vendedor de arte do Passage des Panoramas um quadro de seu pai, uma mulher deitada vendo duas figuras nuas em sonho. A obra é medíocre, mas ele não consegue evitar ficar emocionado e lembrar a infância na Rue Hautefeuille.

"Ancelle é um miserável"

O que mais irrita Baudelaire, enquanto está mergulhado em seus tormentos físicos e morais, é saber que a Sra. Aupick e Narcisse Désiré Ancelle poderiam adiantar o dinheiro de que ele precisa, mas não o fazem.

Dinheiro, ainda o dinheiro, sempre o dinheiro!

Ele fica encantado quando o ministro da Instrução Pública concede-lhe, em janeiro de 1858, um bônus de cem francos por sua tradução das *Novas histórias extraordinárias*. E ele fica ainda mais quando descobre, dois dias depois, que o ministro da Justiça decidira reduzir para cinquenta francos a multa infligida pela 6ª Vara Criminal por *As flores do mal*...

O que prova que ele não errara em se mostrar presunçoso e em escrever à imperatriz. No entanto, isso não resolve absolutamente seus inúmeros problemas.

Ele pensa em ver Antoine Jaquotot, uma das testemunhas no casamento de sua mãe e de seu padrasto e que fora, da mesma forma que Jean-Louis Emon, um dos membros do conselho familiar formado em 1842. Ele acredita que esse homem, que não revê desde que atingira a maioridade legal, seria um excelente diplomata e conseguiria pressionar de maneira hábil primeiro a Sra. Aupick, depois Ancelle. Seu objetivo imediato: aniquilar todas as suas dívidas parisienses e juntar dinheiro para instalar-se em Honfleur.

Depois de um encontro com Jaquotot, Ancelle tem um comportamento bastante estranho: vai imediatamente ao Hôtel Voltaire e conta ao proprietário que Baudelaire, ao contrário do que possa ter afirmado, jamais lhe pagará o dinheiro que deve.

Assim que esses curiosos fatos lhe são relatados, Baudelaire fica terrivelmente furioso. Com lágrimas de raiva nos olhos, a bile subindo à garganta, ele imediatamente envia uma carta à mãe. "Ancelle", declara ele, "é um miserável que esbofetearei na frente de sua mulher e de seus filhos, que esbofetearei às quatro horas (agora são duas e meia) e, se não o encontrar, esperarei por ele. Eu juro que isto terá um fim, e um fim terrível*[1]". Ele exige uma reparação a qualquer custo, uma reparação "estrondosa" – e ele já cogita se não deve procurar testemunhas, para o caso de ter que duelar com Ancelle ou com seu filho.

Por sorte, a Sra. Aupick consegue acalmá-lo. Depois ela lhe envia uma importante soma em dinheiro, para que ele liquide suas dívidas mais urgentes, ao menos os aluguéis atrasados de seu quarto no Hôtel Voltaire**.

No entanto, em vez de ir para Honfleur como manifestara o desejo de fazer, ele vai para Corbeil. Não para ali instalar-se, mas para corrigir, nos ateliês tipográficos Crété, as provas de *O relato de Arthur Gordon Pym*, o terceiro volume das obras de Poe editadas por Michel Lévy, e para verificar em detalhes a composição. Ele não quer que se repitam as trocas e os erros tipográficos das *Histórias extraordinárias*.

Quando o livro é lançado, no fim do mês de abril, Baudelaire contata novamente Sainte-Beuve, ainda esperando um belo e grande artigo elogioso de sua parte. Ele também conta com um bom artigo de Barbey d'Aurevilly. Mas o que ele descobre em 15 de maio no *Le Réveil*, publicação semanal da direita católica, o deixa furioso: o Condestável critica sem reservas o escritor americano e o descreve como um bêbado vulgar.

Assim que passa sua irritação, eis que o *Le Figaro* lhe atribui, na edição de 6 de junho, palavras bastante desagradáveis em relação a Victor Hugo em pessoa e aos principais autores românticos. Um certo Jean Rousseau afirma que o poeta é orgulhoso e ingrato a ponto de negar os grandes mestres que venerara e que agora "cospe em cima".

Incrédulo, Baudelaire envia ao diretor do jornal uma carta de protesto com um toque de ironia.

---

* Todos os termos entre o primeiro "esbofetearei" e o segundo "esbofetearei" estão sublinhados várias vezes na carta. (N.A.)

** Ancelle vende então um título de renda de três mil francos. (N.A.)

> Eu acredito, senhor, que o autor desse artigo seja um jovem que ainda não sabe distinguir direito o que é permitido do que não é. Ele afirma espreitar todas as minhas ações; com uma imensa discrição, sem dúvida, pois nunca o vi.
> A energia que *Le Figaro* coloca em perseguir-me poderia passar a ideia a certas pessoas mal-intencionadas – ou tão mal-informadas sobre o vosso caráter quanto seu redator sobre o meu – de que este jornal espera descobrir uma grande indulgência da justiça no dia em que eu rogar ao tribunal que me condenou, que me proteja.
> Note bem que, em matéria de crítica (puramente literária), tenho opiniões tão liberais que chego a gostar da licenciosidade. Se o seu jornal encontrar uma maneira de levar ainda mais longe o que fez em sua crítica a meu respeito (conquanto não diga que sou uma alma desonesta), eu me regozijarei como um homem desinteressado[2].

Disso não resulta um caso Victor Hugo, mesmo que Jean Rousseau, o autor do artigo em questão, garanta não ter inventado nada. Baudelaire tem, contudo, a impressão de estar na mira de informantes e jornalistas decididos a caluniá-lo. Ele não se deixa abater por isso e nutre outros projetos. Não lhe desagradaria, em particular, traduzir as *Confissões de um comedor de ópio*, de Thomas de Quincey, na íntegra, pois Alfred Musset só fizera, em 1828, um condensado em língua francesa. Enquanto isso, ele publica na *Revue contemporaine* um ensaio intitulado *Do ideal artificial – o haxixe*, no qual homenageia De Quincey, em quem ele vê um autor "digressivo" e cujas fluentes e divertidas dissertações qualifica de "primorosas". Ele ainda pretende escrever mais poemas "noturnos" e mais peças em versos, que poderiam figurar numa próxima edição revista e aumentada de *As flores do mal*. Baudelaire tampouco se esquece de continuar seus estudos sobre os pintores. Um seria dedicado aos pintores *que pensam*...

No entanto, ele precisaria de serenidade para concluir todos esses projetos, porém, não a tinha mais no Hôtel Voltaire desde que o *miserável* Ancelle manchara sua reputação.

Em outubro de 1858, ele abandona o local, vai morar em outros dois ou três quartos mobiliados, depois decide morar provisoriamente na casa de Jeanne, na Rue de Beautreillis, perto da ilha Saint-Louis e de suas primeiras residências, na época em que se conheceram em 1842.

A nova vida em comum é pesada, extenuante: Jeanne está mais doente do que nunca; ele, por sua vez, sente dores nas pernas, constantes dores de barriga e de estômago, além de dificuldades de respiração que tenta remediar tomando éter e ópio. É por isso que lhe vem sempre à mente a ideia de fixar-se em Honfleur. Numa carta que envia à Sra. Aupick, em 19 de outubro, ele diz que irá "definitivamente" estabelecer-se ali no fim do mês.

Pouco depois, ele realmente parte em direção à Normandia, mas é em Alençon que ele para, a fim de passar alguns dias na casa de Poulet-Malassis. A publicação e o processo de *As flores do mal* os reaproximaram muito.

As dívidas também.

E um mau hábito: trocar ordens de pagamento.

De uma mulher a outra

Honfleur.

Pronto, ele finalmente retorna à casa da mãe, após anos de errância e perdição. Ele está com a mulher que lhe deu a vida e que, apesar de muitas vezes se anular atrás dos dois maridos, não deixa de ter uma personalidade forte. Ela é a única capaz de lhe oferecer uma certa segurança material, um simulacro de lar onde ele pode sentir-se seguro das preocupações e das mil e uma vicissitudes da existência.

Agora, não há risco algum que um terceiro se interponha entre eles – mesmo que Ancelle e Émon permaneçam atentos e não deixem a Sra. Aupick fazer o que quiser com suas rendas e economias. Aliás, ela não é das mais ricas; o general nunca se preocupara em acumular fortuna. Com o que herdara dele e a pequena pensão concedida pelo Estado desde a morte de Joseph-François Baudelaire, ela pode garantir sua velhice. Nada mais. Isso se não precisar constantemente socorrer o filho.

Nos primeiros dias de sua estada em Honfleur, em janeiro de 1859, Baudelaire está satisfeito. Na "casinha de brinquedo", como chama o pequeno pavilhão da Sra. Aupick, ele ocupa duas peças, um quarto e um escritório, onde tem todo o tempo para trabalhar tranquilamente.

Ele passa muitas horas escrevendo cartas aos amigos em Paris. Um dos primeiros a quem ele escreve é Asselineau, que quatro meses antes publicara com Poulet-Malassis e De Broise *La double vie**. Esse volume, que reúne onze novelas de inspiração fantástica, é objeto de uma resenha entusiasta de Baudelaire no *L'Artiste* em 9 de janeiro. "Um grande talento de Asselineau", observa ele sem que no entanto seu artigo possa ser chamado de complacente, "é compreender e saber expressar a legitimidade do absurdo e da inverossimilhança.

---

* O endereço parisiense de Poulet-Malassis e De Broise é, dessa vez, o nº 9 da Rue des Beaux-Arts. (N.A.)

Ele capta e decalca, às vezes com uma fidelidade rigorosa, os estranhos raciocínios do sonho. Em passagens dessa natureza, sua forma sem forma, seu registro cru e nítido, atinge um grande efeito poético[1]."

Em geral, com Asselineau, ele fala sobre tudo e nada, coisas graves ou importantes e coisas mais fúteis – quando não diretamente de mexericos. Em 20 de fevereiro, ele lhe conta uma "crônica local". Não sem rogar que não mencione seu nome no caso de ela chegar aos ouvidos de um habitante de Honfleur.

> Eu fiquei sabendo por operários que trabalham no jardim que a mulher do prefeito foi surpreendida, há bastante tempo já, sendo fodida dentro de um confessionário. Isso me foi revelado porque perguntei o motivo de a igreja Sainte-Catherine ficar fechada nas horas em que não há serviço. Parece que o padre tomou desde então suas precauções contra o sacrilégio. É uma mulher insuportável, que me disse recentemente haver conhecido o pintor que pintou o frontão do Panthéon, mas deve ter uma bunda maravilhosa (ela). Essa história de foda provincial, num lugar sagrado, não tem todo o sabor clássico das velhas obscenidades francesas[2]?

Nesse retiro normando, Baudelaire aproveita para adiantar seus trabalhos, cada vez mais numerosos. Ele tem as traduções de Poe, às quais não está disposto a renunciar; tem seus versos e seus poemas em prosa; tem também todas as reflexões que escreve desordenadamente em pedaços de papel, das quais algumas constituem notas para servir aos artigos e aos ensaios que ele tenciona escrever. Tem ainda seus estudos literários.

Aquele que prende sua atenção no momento diz respeito a Théophile Gautier. É como se, ao dedicar-se ao autor de *Mademoiselle de Maupin*, ele saldasse uma dívida, uma dívida de admiração, a segunda depois de ter dedicado *As flores do mal* ao "caríssimo e veneradíssimo mestre e amigo" que ele conhece há muitos anos. Essa admiração é sincera, pois ninguém o obriga a concluir o estudo em questão.

Baudelaire, é inegável, ama admirar, sem dúvida mais por instinto do que por estratégia. Como prova, a maior parte dos homens a quem ele dá importância estão mortos: De Maistre, Chateaubriand, Balzac, Poe. Em Gautier, ele ama particularmente o escritor delicado e aristocrata, isto é, o escritor que recusa ser "vulgar", correndo o risco de não receber toda a glória que merece. Ele ama sua paixão pelo belo, seu estilo.

> Se pensarmos que, a essa maravilhosa faculdade, Gautier reúne uma imensa inteligência inata da *correspondência* e do simbolismo universais, esse repertório de toda metáfora, compreenderemos que ele possa sem cessar, sem fadiga tanto quanto sem erro, definir a atitude misteriosa que os objetos da criação apresentam ante o olhar do homem. Há no vocábulo, no *verbo*, algo de *sagrado* que nos proíbe de fazer dele um jogo do acaso. Manejar doutamente uma língua é praticar uma espécie de feitiçaria evocatória[3].

Ele também ama o homem em Gautier, o homem bom e capaz de acolher os autores futuros, de encorajá-los, como fizera com ele no início. E ele ama sua obsequiosidade e sua franqueza. Para ele, Gautier é incontestavelmente igual aos maiores do passado, "um modelo para os que virão, um diamante cada vez mais raro numa época ébria de ignorância e de matéria, isto é, um perfeito homem de letras[4]".

"Numa época ébria de ignorância e de matéria"... Essas palavras, no fim do ensaio, não são escritas por acaso. Elas traduzem realmente o que Baudelaire pensa e sente. Elas correspondem ao que ele constata desde que está imerso no mundo caótico das artes e das letras. E o que ele constata com despeito é que a França não é poeta; ela experimenta, até mesmo, um horror congênito à poesia. O Belo na França, escreve ele usando a maiúscula, "não é facilmente digerível a não ser quando realçado pelo condimento político[5]". Daí, segundo ele, a ruína e a opressão de todo caráter original. Daí a triste sorte que lhe cabe.

E dizer que na sua idade, 38 anos, ele precisara refugiar-se na casa de sua mãe!

Ao fim de algumas semanas em Honfleur, a algazarra de Paris lhe faz falta, bem como as drogas, que ele tem muita dificuldade em conseguir na farmácia da vila, mantida desde 1850 por Charles-Auguste Allais*.

E Jeanne, além disso, o chama...

Em março, ele volta para a casa dela, na Rue Beautreillis. Ela está horrorosa, caminha com dificuldade; ele jamais a vira num estado tão deplorável.

Para completar, em abril, ela é acometida por uma paralisia e precisa ser transportada para uma casa de saúde do *faubourg* Saint-Denis. Mais uma vez, é ele quem se encarrega dos gastos de hospitalização, por sorte com a ajuda de Poulet-Malassis, com quem tem diversos projetos de livros: uma segunda edição de *As flores do mal*, contendo vários poemas inéditos, um volume de críticas artísticas e os *Paraísos artificiais*.

Cumprindo suas obrigações para com Jeanne, ele decide voltar para Honfleur, alguns dias depois da abertura do Salão de 1859, que ele visita rapidamente no Palais des Champs-Élysées, com a mente alhures, já voltada para a "amplidão do céu" e a "movediça arquitetura das nuvens" acima da agradável "casinha de brinquedo" de sua mãe.

---

* Pai de Alphonse Allais. (N.A.)

O "Príncipe das Carniças"

Um dos amigos a quem Baudelaire escreve seguidamente, uma vez reinstalado em Honfleur, é Félix Tournachon, conhecido por meio de Nadar. Eles não se tinham perdido de vista, não, mas Nadar não tem mais tempo para festejar e sair: casado, ele está no momento muito ocupado com o seu trabalho. Ele não apenas continua fazendo desenhos e caricaturas para jornais e periódicos, como também descobriu uma novíssima e insaciável paixão: a fotografia. Aliás, desde o mês de março de 1854, Nadar era oficialmente fotógrafo, estabelecendo seu ateliê no nº 113 da Rua Saint-Lazare. Ele se especializara em retratos e fizera posar escritores, pintores e músicos, como Nerval (logo antes de sua morte), Gautier, Vigny, Dumas, Sand, Asselineau, Banville, Delacroix, Doré ou ainda Rossini. E, é claro, seu velho amigo Baudelaire diversas vezes. Em 1856, ele fundara, além disso, a Société de Photographie Artistique.

Como conservava um espírito trocista e um senso agudo da ironia e da sátira, ele pensou que seria interessante fazer, no *Journal amusant* de 10 de julho de 1858, uma caricatura representando um pai aterrorizado por encontrar um exemplar de *As flores do mal* nas mãos da filhinha. No início de 1859, ele também desenhara Baudelaire diante de uma carniça, referência direta ao poema homônimo da coletânea.

Em uma carta que envia a ele em 14 de maio, Baudelaire se diz magoado por ter sido retratado como "Príncipe das Carniças". Porém, quando escreve então, é antes de tudo para pedir-lhe um vale postal, alegando que a mãe partira em viagem e o deixara "absolutamente sem chão". Depois, fala sobre o que estava escrevendo no momento e confidencia estar preparando um artigo sobre o Salão de 1859 "sem tê-lo visto". "*Mas tenho um livreto*", esclarece ele. "Fora o cansaço de adivinhar os quadros, é um excelente método, que te recomendo. Tememos louvar demais ou criticar demais; chegamos assim à imparcialidade[1]."

É a *Revue française* que publica em quatro números, em junho e julho, o *Salão de 1859*, na forma de cartas ao diretor da publicação, Jean Morel. Enquanto o *Salão de 1845* constituía um catálogo e o de 1846 uma espécie de inventário geral dos problemas da arte, este se apresenta como um ensaio estético, um passeio filosófico através da pintura, repleto de exemplos concretos, isto é, as próprias obras expostas no Palais des Champs-Élysées.

Baudelaire acredita que o artista não deve preocupar-se com o real, ainda mais porque o real só se revela através do verniz das aparências. Ele ataca então o realismo louvado e defendido por Champfleury e se opõe a toda essa arte bastante em vigor no fim dos anos 1850, que visa imitar a natureza e é ilustrada, entre outros, pelos quadros de Jean-François Millet. Esse é o motivo pelo qual, na contracorrente dos trabalhos de Nadar, ele também se ergue contra a fotografia, "refúgio de todos os pintores fracassados, sem talento ou demasiado preguiçosos para concluírem seus esboços". A seus olhos, a fotografia só pode e deve ser a humilde serva das ciências e das artes. Ou seja, não lhe é "permitido invadir o campo do impalpável e do imaginário, aquilo que vale somente porque o homem aí acrescenta algo da própria alma"[2].

Baudelaire faz o elogio, a apologia da imaginação, rainha das faculdades, a única no indivíduo que está "positivamente aparentada com o infinito", a única capaz de excitar o criador e enviá-lo para combate. A partir de então, tudo, pensa ele, se resume a uma única questão: o artista é dotado de imaginação? Essa imaginação que ensina "o sentido moral da cor, do contorno, do som e do perfume", essa imaginação que é *criadora* no sentido divino do termo, Baudelaire a busca tanto nos retratos e nas paisagens quanto nas cenas de gênero e nas caricaturas. Os artistas imaginativos são pouco numerosos no *Salão de 1859*: Eugène Fromentin com suas telas norte-africanas; Eugène Boudin, que tem o senso das "magias do ar e da água"; talvez Charles Méyron, o água-fortista, que conseguiu representar poeticamente a solenidade natural da Paris tão cara a Victor Hugo e em quem, pelo viés da alegoria, a Antiguidade e a modernidade se interpenetram. Não esquecendo Delacroix, "esse homem extraordinário que competiu com Scott, Byron, Goethe, Shakespeare, Ariosto, Tasso, Dante e o Evangelho; que iluminou a história com raios de sua palheta; inundou nossos olhos deslumbrados com sua fantasia[3]".

Enquanto a *Revue française* termina a publicação do *Salão de 1859*, Baudelaire volta para Paris. Ele mora alguns dias na residência de Jeanne, que saíra da casa de saúde onde não fora tratada nem bem nem mal, depois se estabelece num pequeno quarto localizado no quinto andar do Hôtel de Dieppe, no nº 22 da Rue d'Amsterdam.

Sempre buscando dinheiro, ele logo entra em contato com o editor Eugène Crépet. Sua ideia consiste em compor uma obra antológica sobre os poetas franceses desde as origens e escrever estudos sobre alguns deles, os mais familiares, como Théophile Gautier, Pétrus Borel ou ainda Pierre Dupont. Ao mesmo tempo, ele pressiona Michel Lévy a fim de fazer um novo acordo para uma tradução de *Eureka* de Poe, apesar de saber que essa obra é um ensaio bastante difícil e que desenvolve algumas estranhas considerações com as quais ele não concorda totalmente. Contudo, nem Eugène Crépet nem Michel Lévy parecem interessados.

No entanto, Baudelaire sempre pode contar com Auguste Poulet-Malassis: no mês de novembro, este edita em livro, com poucas modificações, seu *Théophile Gautier*, antes publicado no *L'Artiste*.

Com um acréscimo de peso: uma carta-prefácio de Victor Hugo!

Uma carta que Baudelaire quase mendigara, acreditando precisar, para garantir seu estudo e calar a boca dos imbecis, de uma "voz mais alta" que a sua, uma voz "ditatorial".

> Quero ser protegido. Eu publicarei humildemente o que o senhor condescender em escrever-me. Não se incomode, eu lhe suplico. Se o senhor encontrar, nessas provas, algo a censurar, saiba que eu mostrarei sua censura docilmente, mas sem vergonha demais. Uma crítica do senhor não é também uma carícia, já que uma honra[4]?

Eis o fim da carta para Baudelaire, na qual o "Príncipe das Carniças" é comparado àquele que tanto admira: Théophile Gautier.

> O que o senhor faz então quando escreve esses versos surpreendentes, Os sete velhos e As velhinhas*, que o senhor me dedica e pelos quais lhe agradeço? O que o senhor faz? O senhor caminha. O senhor vai em frente. O senhor doura o céu da Arte de não se sabe que raio macabro. O senhor cria um novo *frisson*. [...] O poeta não pode caminhar sozinho, é preciso que o homem também se desloque. Os passos da Humanidade são, portanto, os passos da própria Arte. Portanto, glória ao Progresso.
> É pelo Progresso que sofro neste momento e que estou disposto a morrer. Théophile Gautier é um grande poeta, e o senhor o louva como um irmão mais novo, que o senhor é. O senhor é um nobre espírito e um generoso coração. O senhor escreve coisas profundas e muitas vezes serenas. O senhor ama o Belo. Dê-me sua mão[5].

---

* Dois poemas de *As flores do mal*. (N.A.)

Fruição musical

Sim, Baudelaire realmente pode contar com Auguste Poulet-Malassis e seu associado Eugène de Broise. Algumas semanas depois da publicação do pequeno livro dedicado a Théophile Gautier, ele assina um novo contrato com eles para quatro títulos futuros: a segunda edição aumentada de *As flores do mal*, os *Paraísos artificiais* e mais dois volumes, o primeiro reunindo críticas de arte, o segundo, críticas literárias. Além disso, as condições financeiras são bastante boas: cada um dos livros terá uma tiragem de mil e quinhentos exemplares e Baudelaire receberá trezentos francos, metade na entrega dos manuscritos definitivos, metade no momento em que sair a última revisão das provas tipográficas.

Mal esse contrato é assinado, em janeiro de 1860, Baudelaire sofre uma crise violenta no meio da rua. É a sífilis que o consome inexoravelmente. Ele sente de repente dores na cabeça, tem náuseas e vertigens, titubeia, não consegue colocar um pé na frente do outro, quase desmaia, enquanto uma velha senhora tenta socorrê-lo... Ele acaba conseguindo voltar ao seu hotel para repousar e, após algumas horas difíceis, recobra pouco a pouco suas faculdades. Em suas anotações, ele escreve que deveria levar uma vida mais saudável e suprimir os excitantes, sejam quais forem.

Impossível, no entanto, viver sem láudano e ficar em Paris fechado entre as quatro paredes de um quarto. Ele precisa sair, mergulhar na multidão, ir aos cafés – ao Café de Madrid, ao Café de Mulhouse, ao Divan Le Peletier, à Closerie des Lilas, ao Buffet Germanique da Rue Jacob. Ele precisa ir aos espetáculos, ver outros escritores, diretores de jornais, amigos próximos ou voltar à casa da Presidenta, que continua atenciosa com ele, apesar de sua lamentável recusa em se tornar seu amante, e da qual Mosselman, boa pessoa, ainda é protetor.

Assim, Baudelaire vai ouvir a música de Richard Wagner no Théâtre-Italien e experimenta um dos maiores prazeres de sua vida – um "arrebatamento" que não sentia há uns quinze anos e que lamenta não ter tido a felicidade de partilhar com Asselineau, excepcional melômano.

Wagner tem 47 anos e conhece bem a França e o público francês: ele morara em Paris com sua mulher Minna, primeiro de 1839 a 1842, época durante a qual compusera *O navio fantasma*, comendo o pão que o diabo amassou, depois novamente em 1850. Há alguns meses, ele voltara e alugara um apartamento na Avenue Martignon, sendo que Napoleão III se interessara muito por suas obras e a Ópera Imperial de Paris viria a produzir seu *Tannhäuser*, cujos primeiros esboços remontam a 1842.

A maior parte dos dramas líricos de Wagner – *O navio fantasma, Lohengrin, Tristão e Isolda, Os mestres cantores de Nuremberg* – suscitara na França repercussões contraditórias e violentas polêmicas opondo wagnerianos e antiwagnerianos, uns mais virulentos e intransigentes do que outros. No lado dos bajuladores, havia notadamente Nerval, que em 1848 elogiara *Lohengrin*. E o implacável Gautier que, depois de ouvir *Tannhäuser* na Alemanha em 1857, exigira, num de seus artigos do *Moniteur*, que a obra fosse executada o mais rapidamente possível na Ópera Imperial de Paris.

Baudelaire fica tão comovido pelo prelúdio e pela introdução do terceiro ato de *Lohengrin* e pela marcha do *Tannhäuser*, e tão indignado também pelas difamações de que Wagner era vítima na França, que lhe escreve uma carta inflamada, seguindo o velho hábito que adquirira de enviar uma correspondência às pessoas que admirava – apesar de negá-lo.

> Outra coisa ainda: experimentei com frequência um sentimento de natureza bastante insólita, é o orgulho e o prazer de compreender, deixar-me penetrar, invadir, volúpia verdadeiramente sensual que se assemelha àquela de se elevar às alturas ou rolar sobre o mar. E a música ao mesmo tempo respirava algumas vezes o orgulho da vida. Geralmente, essas

> profundas harmonias pareciam assemelhar-se aos excitantes que aceleram o pulso da imaginação. Enfim, também experimentei, e suplico-lhe para não rir, sensações que derivam provavelmente da minha maneira de ver e de minhas preocupações frequentes. Há em todos os lugares algo de arrebatado e arrebatador, algo que aspira a elevar-se mais alto, algo de excessivo e superlativo. [...] Este será, se o senhor assim quiser, o clamor supremo da alma elevada ao seu paroxismo[1].

Em uma observação final, Baudelaire escreve: "Não acrescento meu endereço porque o senhor talvez poderia pensar que tenho alguma coisa a lhe pedir".

Esse desprendimento é bem típico dele, desde sempre, desde que aos dezenove anos ele pedira uma audiência a Victor Hugo. Ele precisa vibrar, ele precisa se exaltar e se extasiar, ele precisa se pasmar. Ele precisa de Balzac, Poe ou Delacroix e agora de Wagner para viver, para suportar o peso terrível da existência, para atravessar a mediocridade de sua época e de seu país, esse país em que "não mais se tem compreensão da poesia e da pintura, bem como da música". Ele precisa *fruir* da literatura e da arte.

É a mesma necessidade de encantamento que também o leva, em 1860, a se apaixonar pelas aguadas e aquarelas do artista de origem holandesa Constantin Guys e alçá-las às alturas. Ele chega a comprar algumas, apesar de estar coberto de dívidas, graças ao dinheiro que Poulet-Malassis lhe entrega pela correção das provas de *Paraísos artificiais*. Ele chega até mesmo a incentivar seus conhecidos a imitá-lo, tanto está convencido de que o desenhista tem gênio, um gênio comparável ao de Delacroix.

A arte, a música e a literatura o ajudam a vencer seu medo de morrer sem ter realizado tudo o que tem para fazer, de ter escrito todos os livros que planeja escrever. Seu medo também de perder a mãe antes de conceder-lhe uma prova de sua grandeza de alma e de livrar-se de uma vez por todas de seus demônios, de seus "vícios*".

---

* O próprio Baudelaire utiliza essa palavra a seu respeito em uma carta à mãe datada de 26 de março de 1860. (N.A.)

Enquanto continua discutindo com Eugène Crépet sobre uma antologia dos poetas franceses e sobre questões financeiras, *Paraísos artificiais* acaba sendo publicado por Poulet-Malassis e De Broise. Nesse momento, ele oscila entre dois sentimentos: por um lado, o prazer de ver um novo livro seu em circulação; por outro, o pesar de não poder enviá-lo a Thomas de Quincey, falecido em 8 de dezembro de 1859 em Edimburgo, aos 74 anos.

> Mas a Morte, que não consultamos sobre os nossos projetos e a quem não podemos pedir consentimento, a Morte, que nos deixa sonhar com a felicidade e a fama e que não diz sim nem não, sai bruscamente da sua emboscada e varre com um golpe de asa os nossos planos, os nossos sonhos e as arquiteturas ideais nas quais abrigávamos em pensamento a glória dos nossos últimos dias[2].

Ao ler *Paraísos artificiais*, Flaubert, o Sire de Vaufrilard, fica surpreso ao encontrar diversas passagens sobre as quais sopra o espírito do mal. Ele percebe isso "como um germe de catolicismo" e faz essa crítica a Baudelaire.

Retorno a Neuilly

Com a publicação de *Paraísos artificiais*, Baudelaire, como de costume, procura conseguir artigos, de preferência positivos, nos quais figurem prestigiosas assinaturas.

Ele não consegue evitar pensar mais uma vez em Sainte-Beuve. Há anos, ele lhe envia cartas de admiração e respeito, roga que o elogie junto aos diretores de jornais e revistas e solicita artigos seus, sabendo que o menor parágrafo de sua mão teria grandes repercussões.

Dessa vez, a redação do *Moniteur universel* está disposta a publicar um artigo sobre o *Paraísos artificiais*. Isso se Sainte-Beuve consentir em escrever um. No entanto, uma vez mais, Sainte-Beuve se esquiva. Ele se contenta em enviar a Baudelaire uma carta pessoal na qual o cumprimenta e o encoraja. Como sempre manteve boas relações com pessoas influentes, ele não está nem um pouco disposto a "apoiar com sua autoridade[dg]" um escritor que celebra o álcool, a prostituição, a blasfêmia e o suicídio e que ainda por cima foi condenado pelos tribunais por ultraje aos bons costumes.

Baudelaire também volta a pensar em Barbey d'Aurevilly. Suas relações com o Condestável são, porém, bem diferentes. Apesar de tratá-lo por senhor, ele o chama de "Caro *Velho Mau Sujeito*" e "Miserável", sem deixar de lhe dizer, em uma carta que lhe envia em 9 de julho de 1860, que um capítulo de um de seus artigos sobre Lacordaire está "horrivelmente confuso" e que deveria ter sido tratado com mais profundidade. Barbey d'Aurevilly, em tudo oposto a Sainte-Beuve, logo entrega ao *Le Pays* uma resenha sobre *Paraísos artificiais*.

Em pleno verão de 1860, Baudelaire mostra-se irrequieto. De repente, ele não aguenta mais o Hôtel de Dieppe, na Rue d'Amsterdam, e decide alugar um apartamento em Neuilly, onde já se estabelecera duas vezes, primeiro em agosto de 1848 e depois de maio de 1850 a julho de 1851.

Ele fica no nº 4 da Rue Louis-Philippe. Sem demora, manda transportar o que chama de seus "cacos". A saber: os raros móveis, objetos e quadros que ele possui e que carrega, quando consegue, de uma casa a outra há quase vinte anos.

O ideal, pensa ele, seria morar nesse apartamento de Neuilly em alternância com a casa da Sra. Aupick em Honfleur – onde ele sempre fora extremamente produtivo. Ali ele instala Jeanne, que está hemiplégica, mas vai para o Hôtel de Dieppe. Ele acredita que no hotel ficaria mais tranquilo para se dedicar aos preparativos da segunda edição de *As flores do mal*, que Poulet-Malassis pretende colocar à venda na primavera do ano seguinte, e aos dos dois volumes de críticas, *Curiosidades estéticas* e *Estudos literários*.

Poulet-Malassis também está envolvido em questões imobiliárias. Em Paris, ele primeiro tivera seu depósito com um livreiro católico da Rue de Buci, depois ocupara um escritório numa sobreloja da Rue des Beaux-Arts; no momento, a conselho de Baudelaire e Banville, ele aluga uma loja no centro da capital, perto da gráfica de Michel Lévy. É um pequeno acontecimento que se torna o tema, em outubro, de uma notícia na *Revue anecdotique*.

> O editor Poulet-Malassis, cujo estabelecimento em Paris estava situado até então na Rue des Beaux-Arts, acaba de alugar uma loja na esquina do Passage Mirès com a Rue de Richelieu. Fala-se muito da decoração futura dessa nova livraria. Os pintores realistas devem pintar os tetos e afrescos; são mencionados os nomes de Courbet, Amand, Gautier* e outros. Como na Librairie Nouvelle, ali será possível folhear e percorrer obras novas. Será um centro para encontrar e descobrir as novidades literárias do dia.
> *La Revue anecdotique* não duvida do sucesso da empresa e pretende ali recolher informações algumas vezes[1].

Ao mesmo tempo em que são iniciados os trabalhos de instalação, a fim de que a livraria abra suas portas em janeiro

---

* Trata-se de Arman (ou Amand) Gautier e não de Théophile Gautier. (N.A.)

de 1861, Baudelaire cuida para que Poulet-Malassis mande imprimir *As flores do mal* de maneira impecável. Ele acha o frontispício que Félix Bracquemond gravara – um esqueleto arborescente cercado de flores – horrível e não aceita publicá-lo, para grande prejuízo de seu editor, que é muito ligado ao artista*. Ele julga que a gravura não tem nada de original e que poderia adaptar-se a qualquer livro – seu argumento se resume a poucas palavras: "Toda literatura deriva do pecado". Após muitas discussões, o projeto em questão é abandonado e Bracquemond faz um novo frontispício: o retrato de Baudelaire a partir de uma fotografia de Nadar.

Apesar de mostrar-se sempre minucioso, Baudelaire não tem mais energia. Inúmeras ideias negras lhe passam continuamente pela cabeça, tornando-o cada vez mais neurastênico e sombrio, e ele se pergunta seriamente se a morte não deveria vir livrá-lo de todas as suas dificuldades, de todos os seus terríveis males, de sua "longa miséria".

> Ó Morte, velho capitão, é tempo! Às velas!
> Este país enfara, ó Morte! Para frente!
> Se o mar e o céu recobre o luto das procelas,
> Em nossos corações brilha uma chama ardente!
>
> Verte-nos teu veneno, ele é que nos conforta!
> Queremos, tanto o cérebro nos arde em fogo,
> Ir ao fundo do abismo, Inferno ou Céu, que importa?
>
> Para encontrar no Ignoto o que ele tem de *novo*![2]

Mas se ele desaparecesse, se ele se resignasse ao suicídio, ao *Ignoto*, quem poderia confortar Jeanne, "velha beldade transformada em enferma", por quem ele se sente dolorosamente responsável?

Ah, sim, Jeanne tem um irmão cuja existência Baudelaire até então ignorava e que de repente surge, no início do mês de outubro, como que caído do céu!

---

* Ele gravara em 1857 o frontispício das *Odes funambulesques* de Banville. (N.A.)

Talvez esse irmão fosse um bom enfermeiro... Em todo caso, desde que surgira, ele adquirira o hábito de viver com sua irmã, no apartamento de Neuilly, na Rue Louis-Philippe.

E é ali que Baudelaire finalmente se fixa, em 15 de dezembro de 1860, algumas semanas depois de passar uma nova temporada em Honfleur.

O corpo a nu

Fixar-se em Neuilly?

Baudelaire pensa bastante nisso, uma vez de volta ao lado de Jeanne. No entanto, a presença do irmão o incomoda a ponto de irritá-lo profundamente. Das oito da manhã às onze da noite, o sujeito passa todos os seus dias no quarto da irmã e, assim, impede Baudelaire de gozar de sua intimidade e de poder conversar com a *velha amante* – o único e raro prazer que ainda sente quando a encontra.

Não há maneira de fazê-lo entender. Também não há maneira de contar com sua ajuda financeira. O brutamontes, além disso, tem a audácia de afirmar que estaria disposto a abrir a própria carteira se Baudelaire fizesse o mesmo! Pior: ele tem a petulância de confessar que vivia com a irmã há um ano inteiro e que lhe *emprestara* dinheiro!

Louco de indignação, revoltado, Baudelaire abandona a Rue Louis-Philippe depois de 25 dias de dolorosa convivência e retorna, em outubro de 1861, a um quarto do Hôtel de Dieppe.

Alguns dias depois, um consolo: o lançamento da segunda edição, a mil e quinhentos exemplares, de *As flores do mal*, menos de quatro anos depois da primeira. Agora, o livro reúne 129 poemas. Com exceção dos seis famosos condenados pelos tribunais, em 20 de agosto de 1857, ele contém portanto cerca de trinta novos poemas – que haviam sido publicados aqui e ali em revistas, seja no *L'Artiste* ou na *Revue contemporaine*. Esses poemas são apenas mais confissões sulfurosas em que o poeta aparece cada vez mais dependente da droga, cada vez mais obcecado pela morte e cada vez mais consciente de estar à mercê do "obscuro e do incerto".

Deste céu bizarro e nevoento,
Convulso como o teu destino,

À tua alma que pensamento
Desce? responde, libertino.

– Insaciavelmente sedento
Do que não vejo e não defino,
Reprovo a Ovídio o seu lamento
Quando se foi do Éden latino.

Céus destroçados e tristonhos,
De vós o meu orgulho é fruto;
Vossas grossas nuvens de luto

São os esquifes de meus sonhos,
E vosso espectro a imagem traz
Do inferno que à minha alma apraz[1].

Nessa segunda edição de *As flores do mal*, há uma seção que não existia em 1857, intitulada *Quadros parisienses*. É claro que esse título não foi escolhido ao acaso: Baudelaire é parisiense e é do fascínio de sua cidade natal, da efervescência da "cidade cheia de sonhos" onde ele nascera e tentava viver, que ele recolhe sua inspiração, que ele retira suas *iluminações* mais intensas. É em seus muros, em suas entranhas, em seus caminhos, que ele encontra suas fulgurantes metáforas, "tropeçando nas palavras como nas calçadas, topando imagens desde há muito já sonhadas[2]".

Paris também constitui a matéria principal dos *Poemas noturnos*, que Baudelaire chama de "ensaios de poesia lírica em prosa" e que ele tem a ambição de retomar e depois reunir em livro, uma espécie de contraparte aos *Quadros parisienses* ou, antes, de continuação em outro modo e em outro registro literário. Um projeto que ele acalenta simultaneamente de escrever uma obra analítica sobre o dandismo nas letras, representado a seu ver por Chateaubriand, De Maistre, o estranho marquês de Custine, autor de *La Russie en 1839*, e Barbey d'Aurevilly. Mas também representado por Paul Gaschon de Molènes, um romancista que tem sua idade e cuja novela *Les Souffrances d'un houzard*, excerto de uma coletânea publicada por Michel Lévy em 1853, ele cogita adaptar para o teatro (como um grande drama em cinco atos). Não é tudo: ele sonha, além disso, com diversos romances e um grande livro no qual *compilaria* todas as suas paixões e cóleras a partir das múltiplas anotações que fizera e que estão agrupadas em seus papéis sob o nome de *Meu coração a nu*. Ao lado delas, diz numa correspondência à mãe, as *Confissões* de Rousseau ficariam bastante pálidas...

Ele adia inúmeros projetos após assistir, em 13 de março de 1861, à primeira representação de *Tannhäuser* na Ópera Impérial, montado em francês depois de 75 ensaios com piano e 45 com os corais e a orquestra, sendo exibido em meio a grande alarido.

Impressionado, Baudelaire se apressa em dedicar à obra de Wagner um longo estudo aprofundado que o absorve quase que vinte e quatro horas por dia durante uma semana extenuante. Ele o envia à *Revue européenne*, editada pelo livreiro Édouard Dentu e mais próxima do governo que *La Revue contemporaine**. "Nenhum músico supera Wagner na *pintura* do espaço e da profundidade, materiais e espirituais. É uma observação que vários espíritos, e dos melhores, não puderam deixar de fazer em várias ocasiões. Ele possui a arte de traduzir, por meio de gradações sutis, tudo o que há de excessivo, imenso, ambicioso, no homem espiritual e natural. Parece, às vezes, ao escutarmos essa música ardente e despótica, que reencontramos pintadas sobre o fundo das trevas, dilacerado pelo devaneio, as vertiginosas concepções do ópio[3]."

Mas ele também adia os projetos de reunir seus poemas parisienses em prosa, de escrever sobre o dandismo e de se dedicar a suas confissões e a outras obras porque constata novamente, sobre e dentro de si, os avanços da sífilis – manchas na pele, reumatismos articulares, náuseas, desmaios, inapetências, pesadelos... Ele volta a pensar em suicídio, ousando

---

* Esse estudo, ligeiramente aumentado, foi editado pouco tempo depois em livro pela livraria Dentu. (N.A.)

inclusive a acreditar que um "ser externo e invisível" teria interesse nisso. Em seu profundo e terrível desespero, ele acusa sua mãe, recriminando-a mais uma vez por ter provocado a criação de uma tutela judicial. Ele está convencido de que um dos dois acabará matando o outro, ou que eles terminarão, cedo ou tarde, por se matar "reciprocamente".

A menos, diz ele, que ela seja a única capaz de salvá-lo, ela que lhe proporcionara tantos "bons momentos" na juventude, que fora um "ídolo" e um "camarada".

Naturalmente, o dinheiro que ela estaria em condições de enviar por intermédio de Narcisse Désiré Ancelle lhe traria um pouco de "beatitude"... E por que, por mais "horrível" que seja essa ideia, sua mãe não poderia se tornar, ela mesma, sua "verdadeira tutela judicial"?

Ele está em plena crise física, intelectual e material quando fica sabendo que Jeanne fora "abandonada" no hospital pelo irmão e que, ao voltar para Neuilly, ela descobrira que este último havia se aproveitado de sua hospitalidade para vender uma parte de seus móveis e de suas roupas. Está fora de questão abandonar Jeanne. É impossível, impensável.

Visitas distintas

Agora que publicou nove livros e sua assinatura consta em inúmeros periódicos graças a seus poemas ou graças a seus artigos sobre arte, literatura e música, Baudelaire, que tem quarenta anos, se dá conta de que sua situação literária não é ruim. O que não é o caso de sua saúde, nem de sua "honorabilidade" financeira, absolutamente desastrosa.

Algumas pessoas agora o saúdam, outras o cortejam e outras ainda o invejam e criticam. Na verdade, ele pode fazer praticamente o que quiser que seus escritos serão publicados, apesar de ele ter "um tipo de espírito impopular" que o impede, como ele diz, de ganhar bastante dinheiro.

Prova disso são os estudos sobre alguns de seus contemporâneos, que ele começa a enviar, em junho de 1861, à *Revue fantaisiste* e espera um dia ver reunidos em livro, segundo o acordo que fizera com o editor Eugène Crépet dois anos antes. Seja falando de Victor Hugo, de Marceline Desbordes-Valmore, de Pétrus Borel, de Théophile Gautier, de Gustave Le Vavasseur ou de Théodore de Banville, todos os textos são muito pessoais. Baudelaire considera Banville, por exemplo, um "original da mais elevada espécie", pelo único motivo de que a seu ver toda a arte moderna tem uma tendência "essencialmente demoníaca" e que se vive, nesses meados do século XIX, "em plena atmosfera satânica".

Não, sua situação literária não é ruim, tanto que vários escritores de renome, Victor Hugo e Théophile Gautier inclusive, reconhecem a qualidade de sua poesia e a extrema relevância de seus textos críticos. Acima de tudo, Baudelaire mobiliza em torno de *As flores do mal* autores mais jovens do que ele, como Auguste Villiers de L'Isle-Adam (nascido em 1838), o romancista Léon Cladel (nascido em 1835) e o poeta e comediante ambulante Albert Glatigny, que publicara em 1857, aos dezoito anos, uma notável coletânea, *Les Vierges folles*. Ou ainda Catulle Mendès (nascido em 1841), fundador, em 1860, da *Revue fantaisiste* e um dos defensores mais obstinados da música de Wagner e do wagnerismo.

Nessas circunstâncias, Baudelaire cogita apresentar sua candidatura à Academia Francesa, a única honraria, pensa ele, que um verdadeiro escritor poderia solicitar sem enrubescer. Quando levanta a questão entre seus amigos, a maior parte fica constrangida e não sabe direito se ele está falando sério ou se procura, mais uma vez, fazer uma provocação – apesar de eles conhecerem há muito tempo suas constantes e múltiplas mudanças de humor: um dia execrando a sinistra moral burguesa e a rigidez dos poderes públicos, no outro defendendo as tradições ancestrais e a ordem; um dia proferindo litanias de anátema, no outro se mostrando mais católico que o papa; um dia glorificando o ideal feminino, no outro condenando todas as criaturas femininas à desonra.

Os mais perspicazes, no entanto, não ficam muito surpresos, pois Baudelaire sempre lhes parecera um escritor clássico, apaixonado pelo classicismo, mesmo quando quebrara as regras habituais da versificação e escrevera poemas em prosa, como se ele deslocasse o lirismo, o lirismo puro, de uma forma literária para outra. Além disso, um dândi não é por definição um clássico e um conformista, se não um reacionário?

Seja como for, em 11 de dezembro Baudelaire escreve uma carta a Abel Villemain, secretário perpétuo da Academia Francesa:

> Tenho a honra de informar-lhe que desejo ser inscrito entre os candidatos que se apresentam para uma das duas cadeiras vagas* na Academia Francesa e rogo-lhe que comunique a seus colegas minhas intenções em relação a isso.
> É possível que a olhos bastante indulgentes eu possa apresentar alguns títulos: permita-me lembrar-lhe de *um livro de poesia* que fez mais barulho do que gostaria; *uma tradução* que popularizou na França um grande poeta desconhecido, *um estudo* severo e minucioso sobre os prazeres e os perigos

---

* As de Scribe e de Lacordaire. (N.A.)

> contidos nos *Excitantes*; por fim, um grande número de *brochuras e artigos* sobre os principais artistas e homens de letras de meu tempo.
> [...] Para dizer toda a verdade, a principal consideração que me leva a já solicitar seus votos é que, se eu decidisse pedi-los apenas quando *me sentisse digno deles*, não os solicitaria *jamais*. Eu disse a mim mesmo que, no fim das contas, talvez fosse melhor começar imediatamente; se meu nome for conhecido por alguns de vocês, talvez minha audácia não seja levada a mal, e alguns votos, *milagrosamente* obtidos, serão considerados por mim um generoso incentivo e uma ordem para melhorar[1].

Assim que a carta é enviada, Baudelaire começa sua campanha acadêmica e incita os amigos mais próximos, Asselineau e Flaubert em particular, a defender sua causa por todos os lugares possíveis.

Ele vai à casa de Lamartine, que o acolhe bastante bem, mais tarde à casa de Villemain, que o recebe com altivez, depois à casa de alguns outros acadêmicos, como Jules Sandeau, o professor da Sorbonne Saint-Marc Girardin, ou o poeta, dramaturgo e político Jean Viennet. Este o ensina: "Só existem cinco gêneros, senhor, a tragédia, a comédia, a poesia épica, a sátira... e a poesia fugidia que inclui a fábula, *onde me sobressaio*[2]!".

Porém, a visita mais impressionante é a que faz a Alfred de Vigny. Em 1861, Vigny tem 64 anos e todas as obras importantes que estabeleceram sua glória literária já haviam sido publicadas há vários anos, *Cinq-Mars, Chatterton, Stello* ou *Servitude et grandeur militaires*. Apesar de doente, ele conversa com Baudelaire em sua casa durante três horas. Ele o deixa ao mesmo tempo atordoado e admirado, e o conforta com a ideia de que "um vasto talento implica sempre uma grande bondade e uma notável indulgência[3]".

Quando fica a par da candidatura de Baudelaire, a imprensa se delicia, na maior parte das vezes por razões estranhas à literatura. A *Revue anedoctique* insinua, assim, que o candidato "lança feitiços às companhias que frequenta e faz perecer as revistas por onde passa", enquanto *Le Figaro* o chama de poeta "nervoso" e diz que suas atrocidades de linguagem cheiram a matadouro, depois ressalta que convém ler *As flores do mal* com uma mão e tampar o nariz com a outra. Já *Le Tintamarre* anuncia que Baudelaire participara da loteria "humorística" organizada pelo diretor de redação e tirara a sorte grande: um salvo-conduto para a Academia.

La Chronique parisienne, por sua vez, pergunta-se em que seção acadêmica Baudelaire deveria ser situado, já que classes devem ser criadas seguindo o modelo do Instituto e segundo as aptidões de cada membro. Nem na seção de gramática, nem na seção de romance, nem na seção de eloquência, nem na seção de teatro. Talvez, simplesmente, na seção de cadáveres. Também se afirma que o "selvagem" Baudelaire se alimenta de *karrick* [*sic*] à indiana e bebe vinhos apimentados num crânio de tigresa, o que, no Instituto de França, lugar reconhecidamente respeitável, seria, avalia-se, bastante inadequado.

Em janeiro de 1862, Sainte-Beuve evoca no *Le Constitutionnel* as próximas eleições à Academia Francesa onde, desde 1844, ele mesmo sucedera a Casimir Delavigne. Todo o seu texto gira em torno de Baudelaire, que se apresentara como candidato. Ele fala, assim, da *folia Baudelaire*, um ser que se edificara "no extremo de um pedaço de terra inabitável" um "quiosque esquisito, muito ornado, muito atormentado, mas gracioso e misterioso". Nele lemos Poe, observa Sainte-Beuve, nos embriagamos de haxixe, tomamos ópio e mil drogas abomináveis. Esses "condimentos e esses requintes" poderiam constituir os "títulos" para uma eventual eleição? Depois conclui, num tom mais ameno:

> O certo é que o Sr. Baudelaire ganha ao ser visto, pois ali onde esperamos ver entrar um homem estranho, excêntrico, nos encontramos em presença de um candidato educado, respeitoso, exemplar, de um rapaz gentil, fino na linguagem e absolutamente clássico nas formas[4].

Baudelaire reage imediatamente e agradece a Sainte-Beuve, numa carta, por ter reparado todos os inacreditáveis boatos que corriam sobre ele, dentre os quais um que o fazia passar por "lobisomem" e "carrancudo". E também aquele que afirmava ter junto às mulheres a desagradável reputação de possuir ele uma feiúra "repulsiva", de estar sempre bêbado e de cheirar mal.

Algumas semanas se passam e, seguindo os conselhos *autorizados* de Sainte-Beuve, ele comunica a Villemain que retira sua candidatura. Tanto que, em 20 de fevereiro de 1862, a venerável Academia elege para a cadeira de Lacordaire o duque Albert de Broglie.

O ano das misérias

Baudelaire não nega: retirar sua candidatura para a Academia Francesa é um enorme desapontamento, quase uma desonra. Mas eis que ele descobre, inesperadamente, algo que o transtorna ainda mais e que o deixa estupefato: Jeanne, a Jeanne que ele tenta cuidar apesar de suas magras receitas, não tem nem jamais teve um irmão! O brutamontes que se fizera passar por tal não passava de um de seus antigos amantes!

É como uma traição, como uma imunda perfídia diante da qual Baudelaire só consegue reagir, no entanto, com sua repugnância e sua fúria.

E, logo depois, novamente com o seu perdão.

Para mostrar à Jeanne que realmente a perdoou, ele procura fazer com que ela veja pessoas e quando pode a leva junto, apesar de ela estar enferma, aos cafés e restaurantes que costuma frequentar. Um deles é a rotisseria Pavard, na Rue Notre-Dame-de-Lorette, um estabelecimento frequentado pelo infeliz Henri Murger até sua morte brutal, em 1861, e onde se encontram frequentemente Jules Barbey d'Aurevilly, Charles Asselineau e Édouard Manet.

A relação entre este último, que tem trinta anos, e o poeta é franca e cordial. Aliás, não é raro Baudelaire ir ao encontro do pintor nas Tulherias e observá-lo trabalhar em suas telas a partir da natureza, sempre elegantemente vestido, ágil, com o olhar brilhante, tão à vontade sob as árvores e ao ar livre quanto se estivesse em casa. Também não é raro ele visitar o seu ateliê.

Um dia, quando Baudelaire ali estava em companhia de Jeanne, Manet aproveita a ocasião para pintá-la com sua gigantesca saia armada branca, os traços esqueléticos, envelhecida, horrorosa, semiestendida, com a mão direita repousando sobre o encosto de um grande sofá*. Como que para

* Esse quadro de Manet está exposto no museu de Budapeste. (N.A.)

consolá-la, Baudelaire esboça Jeanne num pedaço de papel em alguns rápidos traços a lápis.

A Academia que não o quer, Jeanne que mente para ele e o engana, sua saúde que está alarmante, as dívidas que ele não consegue apagar, a Sra. Aupick que guarda seu dinheiro – esse início de 1862 é decididamente lúgubre para Baudelaire. Sem contar que, em fevereiro, morre o amigo Paul Gaschon de Molènes. E, em abril, é Claude-Alphonse, seu meio-irmão, que sucumbe, aos 57 anos, em consequência de uma hemorragia cerebral. Fazia duas décadas que seus caminhos haviam se separado e que eles não se viam mais; mesmo assim, essa é mais uma notícia ruim.

O remédio frente à adversidade?

Escrever, apenas escrever. E escrever nos campos que domina, em vez de acreditar-se capaz de finalizar romances e dramas.

Depois de ler a primeira parte de *Os miseráveis* de Victor Hugo, publicado em dez volumes quase que ao mesmo tempo em Paris e em Bruxelas, Baudelaire faz uma grande resenha no *Le Boulevard*, jornal criado no ano anterior pelo caricaturista e fotógrafo Étienne Carjat. Ele considera o romance "um livro de caridade, isto é, um livro feito para despertar, para provocar o espírito de caridade", um livro que apresenta casos de "complexidade social" à consciência do leitor e constitui "uma atordoante chamada à ordem, dirigida a uma sociedade por demais enamorada de si mesma e muito pouco preocupada com a imortal lei de fraternidade"[1]. Em sua conclusão, ele não consegue evitar falar no Pecado Original, escrevendo essas duas palavras com maiúsculas, alusão direta a Joseph de Maistre, homem que, a exemplo de Edgar Allan Poe, ensinara-lhe a *raciocinar* e ao qual ele é mais fiel do que nunca.

Mas esse é um artigo condescendente. Baudelaire não gostara nem um pouco de *Os miseráveis*, que julga um livro "imundo e inepto", como escreve sinceramente em uma carta à mãe. E ele não pretende de modo algum ler a segunda parte, apesar de Victor Hugo lhe endereçar uma amável carta de agradecimento e o incitar por meias palavras a escrever um novo artigo.

> Senhor,
> Escrever uma grande página vos é natural, as coisas elevadas e fortes saem de vosso espírito como as centelhas saltam do fogo, e *Os miseráveis* foi para o senhor a ocasião de um estudo profundo e elevado.
> Agradeço. Eu já mais de uma vez constatei com alegria as afinidades de vossa poesia com a minha; juntos, gravitamos em torno deste grande sol: o *Ideal*.
> Espero que o senhor continue esse belo trabalho sobre o livro e sobre todas as questões que tentei resolver, ou pelo menos propor. É honra dos poetas servir luz e vida no cálice sagrado da arte. O senhor o faz e eu o experimento. Nós nos dedicamos, o senhor e eu, ao progresso pela Verdade.
> Eu vos aperto a mão[2].

Baudelaire considera essa carta, datada de 24 de abril, "ridícula", a prova de que um "grande homem pode ser um tolo". O mundo dos literatos e dos artistas, esse mundo que ele acreditara "encantador e amável", tornou-se "abjeto" a seus olhos. Ele tem a sensação de viver numa época de decadência e não ter mais afinidade alguma com seus contemporâneos, exceto com Barbey d'Aurevilly, Flaubert e o respeitável Sainte-Beuve. E exceto com Gautier, que o poeta reconhece ser o único a compreendê-lo quando ele fala de pintura. Só existe uma solução: fugir da "face humana", para refugiar-se num monastério, em Solesmes, por exemplo, sobre o qual o *discípulo* Villiers de L'Isle-Adam dissera algumas palavras. Mas fugir principalmente da "face francesa".

Ainda no *Le Boulevard*, ele publica em setembro um curto estudo intitulado *Pintores e água-fortistas*, na verdade a segunda versão de um artigo publicado anonimamente em abril na *Revue anedoctique*. Os artistas elogiados chamam-se Manet, Méyron, Legros, Jongkind e Whistler, um jovem americano cujas águas-fortes, que ele vira na galeria Martinet, representam as margens do Tâmisa, "maravilhoso emaranhado de cordames, de vergas, de amarras; caos de brumas, de fornilhos e de fumaças espiraladas; poesia profunda e complicada de uma vasta capital[3]".

O ano de 1862 chega ao fim como havia iniciado: com o anúncio de uma desgraça. Dessa vez, a vítima é Auguste Poulet-Malassis. Depois de ver-se obrigado a interromper seus pagamentos, o editor declara falência; seus recursos eram precários e ele devia dinheiro a seus autores, a outros livreiros, a fabricantes de papel como Canson-Montgolfier, às papelarias do Marais, a impressores... Isso depois de ter publicado, entre duzentos outros títulos, uma edição de *Émaux et camées*, *As flores do mal* duas vezes, *Paraísos artificiais*, *La double vie*, obras de Leconte de Lisle, de Barbey d'Aurevilly, de Champfleury e algumas das grandes coletâneas poéticas de Banville, dentre as quais, no mês de setembro, *Les Améthystes*, pequenas odes amorosas em homenagem a Marie Daubrun, a seus "cabelos de ouro", seu "lábio rosa" e seu "seio de neve".

Em seu jornal, Étienne Carjat clama contra o "desastre indevido", já que essa falência atinge também escritores que "todo mundo lê e aplaude".

Isso nada muda: Poulet-Malassis é detido e encarcerado na prisão de Clichy. Depois é transferido, em dezembro de 1862, para a prisão de Madelonnettes, na Rue des Fontaines-du-Temple, em Paris.

A corrida aos editores

Com a prisão de Auguste Poulet-Malassis, Baudelaire percebe que a publicação de diversas obras suas com as quais o editor de Alençon se comprometera fica grandemente prejudicada. Portanto, é preciso renegociar, entrar em contato com outros livreiros, recomeçar do zero, quase como se fosse um autor principiante.

Primeiro, ele se volta para Michel Lévy. A relação entre os dois nem sempre fora excelente, mas não é execrável. Os três volumes de traduções de Poe – *Histórias extraordinárias, Novas histórias extraordinárias* e *O relato de Arthur Gordon Pym* – venderam bem e indicam que os próximos dois, *Eureka* e *Histórias grotescas e sérias*, seguiram o mesmo curso. No entanto, Michel Lévy tem outras preocupações, outros projetos. Ele pretende deixar a Rue Vivienne e abrir uma gráfica no bairro do Ópera. Além disso, ele fica muito ocupado com o sucesso inesperado de *La Vie de Jésus*, de Ernest Renan, e com a distribuição de *Salammbô*, de Gustave Flaubert, bem como com a dos ensaios e *Poésies*, de Sainte-Beuve, uma edição que este gostaria "final e testamentária".

Não obtendo resposta, Baudelaire então se dirige a Pierre-Jules Hetzel, comumente chamado de P.-J. Hetzel ou simplesmente de Hetzel. Instalado desde 1860 na Rue Jacob, Hetzel é quinquagenário e possui duas boas décadas de experiência em edição. Ele também tem inúmeros projetos e publicou, em 1862, o primeiro título de uma série batizada *Voyages extraordinaires*, na qual aposta bastante: *Cinco semanas em balão*, de Júlio Verne, um autor de Nantes conhecido até então por seus libretos de opereta.

Em seu rico catálogo, há também *Les Contemplations* e *La Légende des siècles* de Victor Hugo, *La Guerre et la paix* de Proudhon, os *Contos* de Perrault ilustrados por Gustave Doré, ou ainda *Madame Thérèse ou les volontaires de 92* dos escritores lorenos Émile Erckmann e Alexandre

Chatrian. Hetzel também é autor, sob o pseudônimo de P.-J. Sthal, especialista em literatura infanto-juvenil e em brochuras sobre as práticas da edição, dentre as quais uma publicada em 1854 que trata das falsificações e das disposições a tomar para aboli-las.

Baudelaire e Hetzel entendem-se rapidamente sobre três obras: uma terceira edição aumentada de *As flores do mal*, um volume de poemas em prosa e um volume autobiográfico com o título provisório de *Meu coração a nu*. Cada uma das três obras teria uma tiragem de dois mil exemplares, ou seja, quinhentos a mais que o previsto pelo contrato com Poulet-Malassis. Em suas negociações com Hetzel, Baudelaire também cita uma coletânea de novelas que se diz pronto a escrever e a terminar em alguns meses. Ele pensa que poderia trabalhar na tranquilidade da pequena casa de sua mãe em Honfleur.

Esse acordo, porém, não dá em nada. Não apenas porque Baudelaire demora para finalizar esses diversos projetos, mas também porque a falência de Poulet-Malassis leva ao esgotamento de seus recursos. Sem precisar procurar demais, agora qualquer um pode conseguir a segunda edição de *As flores do mal* e de *Paraísos artificiais* por um franco, e o folheto sobre Théophile Gautier por apenas cinquenta centavos. Em 22 de abril de 1863, o desventurado Poulet-Malassis vê sua pena de prisão confirmada pela 8ª Vara do Tribunal Correcional de Paris. Motivo: bancarrota fraudulenta.

Quem também desestimula Baudelaire é a Sra. Aupick. Pelo menos ela não o encoraja a escrever *Meu coração a nu* (que por enquanto só existe na forma de anotações), por medo de que a obra, repleta de ressentimentos, de rancor, de considerações pessoais unilaterais e de julgamentos incisivos, traga-lhe grandes aborrecimentos. Para que contar tudo? Por que alimentar ainda mais a reputação de *lobisomem*? Por que essa "necessidade de vingança"? E por que querer mal à França inteira e ter "horror" a ela?

Sua situação ficaria mais confortável se ele fosse morar no exterior?

Baudelaire acredita que sim. Ele pensa particularmente na Bélgica e em Bruxelas, onde estão Lacroix e Verboeckhoven, os editores de *Os miseráveis*, e onde ele gostaria de fazer algumas conferências. Segundo o que dissera Arthur Stevens, um vendedor de quadros belga que visita seguidamente Paris a negócios e cujos dois irmãos, Alfred e Joseph, são pintores, os conferencistas ali são bem pagos e lotam as salas. Além disso, o diário *L'Indépendance belge* estaria à procura de escritores incisivos.

Baudelaire está obcecado com ideia de fazer uma "excursão" de diversas semanas na Bélgica, quando lhe chega a notícia da morte de Delacroix, ocorrida em 13 de agosto, aos 65 anos. O grande pintor romântico o marcara tanto, o impregnara tanto, que ele sente um imperioso dever de lhe dedicar imediatamente um estudo aprofundado. Ele o propõe ao *L'Opinion nationale*, que o publica em três números, em 2 de setembro, 14 e 22 de novembro de 1863.

Dado que já escrevera muito sobre as obras do artista que admira e venera, Baudelaire não tem medo de citar nem de reproduzir passagens de seu *Salão de 1859*. No entanto, ele também se dedica a evocar o homem Delacroix, como se tivesse sido seu confidente, como se tivesse o pleno direito de defender sua memória – de alegar uma "curiosa mistura de ceticismo, polidez, dandismo, vontade ardente, astúcia, despotismo e, enfim, uma espécie de bondade particular e de ternura moderada que acompanha sempre o gênio[1]".

> Havia em Eugène Delacroix muito do *selvagem*; esta era a mais preciosa parte de sua alma, a parte consagrada integralmente à pintura de seus sonhos e ao culto de sua arte. Havia nele muito do homem do mundo; esta parte era destinada a ocultar a primeira e a fazê-la desculpável. Foi, creio, uma das grandes preocupações de sua vida dissimular as cóleras de seu coração e não parecer um homem de gênio. Seu espírito de dominação, espírito bem legítimo, fatal por sinal, havia

quase inteiramente desaparecido sob mil gentilezas. Dir-se-ia uma cratera de vulcão artisticamente oculta por buquês de flores[2].

Ele também fala sobre os escritos de Delacroix, que resume numa fórmula lapidar que lhe é própria e que o torna distinto de todos os seus contemporâneos: "Tanto estava seguro de *escrever* o que ele pensava sobre uma tela quanto estava preocupado por não poder *pintar* seu pensamento no papel[3]".

Em novembro, Baudelaire chega finalmente a um acordo com Michel Lévy, não sobre suas obras poéticas e críticas, mas sobre suas traduções de Poe. Ele cede sua "propriedade total e absoluta" pela quantia predeterminada de dois mil francos, enquanto Lévy prepara a publicação iminente de *Eureka*.

Essa quantia, é claro, o alivia. E, sem dúvida alguma, chega na hora certa para uma *excursão* à Bélgica. Ele não para de pensar nisso, e mais ainda depois que Poulet-Malassis, após ser libertado, há um mês está estabelecido em Bruxelas e decidiu ali constituir uma nova casa editorial.

Todas as estultices do século

Ir para Bruxelas. Isso se tornara uma ideia fixa para Baudelaire, o tema de todas as suas conversas, o *leitmotiv* de suas correspondências. Mas isso não o obceca a ponto de impedi-lo de escrever. Ele continua trabalhando regularmente em seus poemas em prosa, publicando diversos na *Revue nationale et étrangère* dirigida pelo editor Gervais Charpentier, e começa, algumas semanas depois da morte de Delacroix, um longo estudo sobre Constantin Guys, baseado num rascunho e em anotações detalhadas redigidas a partir de 1859.

Ou melhor, um longo estudo sobre C.G., pois Baudelaire só menciona o artista por suas iniciais.

O motivo?

Respeitar o desejo de Constantin Guys, que foge como da peste a qualquer forma de publicidade, que detesta que se fale dele e que não atribui preço algum a suas obras. A ponto de só assiná-las e datá-las em raríssimas ocasiões. A ponto, até mesmo, de vender ao museu Carnavalet trezentos desenhos seus, dentre os mais belos e representativos, por uma quantia ridícula. E de oferecer um dia dúzias e dúzias a Nadar, simplesmente porque o fotógrafo ficara extasiado diante de alguns deles.

O estudo, intitulado *O pintor da vida moderna*, é publicado em 26 e 29 de novembro e em 3 de dezembro de 1863 no *Le Figaro*, isto é, no jornal que estivera na origem das ações judiciárias abertas contra *As flores do mal*. Dividido em treze capítulos, ele constitui ao mesmo tempo um tratado de estética, no espírito do *Salão de 1859*, e uma vibrante apologia de Constantin Guys, um homem que "vai", que "corre", que "procura".

E o que ele procura? pergunta-se Baudelaire. "Ele busca", responde, "esse algo ao qual se permitirá chamar de *modernidade.*" Ele define esse novo termo da seguinte forma: "tirar da moda o que esta pode conter de poético no histórico, [...] extrair o eterno do transitório"[1]. E justamente Constantin Guys lhe aparece como um criador que, longe de propor uma visão trivial e realista, transfigura o real e exprime, através de seus desenhos e de suas aguadas ou aquarelas, "a beleza passageira e fugaz da vida presente" – obras que cedo ou tarde serão chamadas de "arquivos preciosos da vida civilizada". Para Baudelaire, não há dúvida alguma de que Constantin Guys traduza, assim, o extraordinário ideal do dândi, o qual, é verdade, pode ser um homem "entediado" ou um homem "que sofre", mas jamais um homem "vulgar". Pois o que é o dandismo se não uma fusão do espiritualismo e do estoicismo, se não "o último rasgo de heroísmo nas decadências"?

Dois meses depois da publicação de *O pintor da vida moderna*, o jornal *Le Figaro*, ao que tudo indica conquistado pelo talento de Baudelaire, publica quatro de seus poemas em prosa, sob o título geral de *Spleen de Paris*. O jornal anuncia que outros escritos similares do mesmo autor serão logo publicados e, de fato, na semana seguinte, no dia 14 de fevereiro de 1864, mais dois são publicados. Depois mais nada. E como Baudelaire se preocupa em saber o que acontecera, respondem-lhe que seus poemas "aborreciam todo mundo". Não é preciso mais para que ele exploda, denunciando, revoltado, a tolice dos meios literários franceses e reconfortando-se com a ideia de partir o mais rápido possível para a Bélgica.

E por que não com Berthe, uma mulher sem graça, sem charme, que acabara de conhecer num baile público e por quem se apaixonara?

Será possível que aos 43 anos ele tenha encontrado o grande amor?

Será possível que essa mulher o tire para sempre das tabernas e das casas de má fama?

Enquanto prepara a viagem e, por intermédio de Alfred Stevens, faz diversos contatos prévios em Bruxelas, ele recebe uma carta-circular dos amigos de Victor Hugo, na qual lhe pedem que participe de um grande banquete para a celebração do tricentenário do nascimento de Shakespeare. Informam-lhe que o autor das *Contemplations*, apesar de morar em Guernesey, será o presidente de honra da manifestação.

Baudelaire avisa imediatamente aos organizadores que não poderá participar, pois precisa ir naquele dia para Bruxelas. No entanto, isso não passa de um pretexto; na verdade, ele estava indignado com o fato de Victor Hugo não ter intercedido em seu favor junto aos editores de *Os miseráveis*. Além disso, ao que ele saiba, nem Albert Lacroix nem Hippolyte-Louis Verboeckhoven se manifestaram ainda...

Assim, ele pega sua pena e escreve ao redator-chefe do *Le Figaro* denunciando o *grotesco*, a *hipocrisia*, o *absurdo* que constitui essa celebração, constatando com pesar que até então ninguém se preocupara na França em festejar o aniversário de nascimento de Chateaubriand ou de Balzac. Segundo ele, "o verdadeiro objetivo desse grande jubileu" consiste em "preparar e aquecer o sucesso" do livro sobre Shakespeare que Victor Hugo está prestes a publicar com Lacroix e Verboeckhoven, um livro "cheio de belezas e besteiras" que "talvez ainda assim vai afligir seus mais sinceros admiradores"[2].

Ele não consegue imaginar-se numa assembleia onde serão feitos brindes a Jean Valjean, à abolição da pena de morte, à *Fraternidade Universal*, à difusão das luzes, ao "*verdadeiro* Jesus Cristo, *legislador dos cristãos*", à Ernest Renan, enfim, a "todas as estultices próprias a esse século XIX" no seio do qual ele tem "a cansativa felicidade de viver", onde cada um está "privado do direito natural de *escolher seus irmãos*" e onde não haverá "belos ombros, belos braços, belos rostos e brilhantes toaletes", pois as mulheres foram excluídas da festa.

Em seu número de 14 de abril, *Le Figaro* publica essa carta aberta de Baudelaire, sem no entanto precedê-la ou segui-la por alguma assinatura. Não sem motivo: Baudelaire fala, em dado momento, de seu próprio caso em terceira pessoa. Ele assinala que é conhecido graças a seu gosto pela literatura anglo-saxã, mas que é um autor desdenhado, tanto pelos "senhores factótuns da literatura democrática" quanto por "esse bando de jovenzinhos" tão "ocupado em cuidar de seus negócios" que ignora que "certo velhinho, a quem deve muito, ainda não morreu"[3].

Depois, em 24 de abril, pega o trem para Bruxelas.

Um ciclo de conferências

Baudelaire hospeda-se no Hôtel du Grand-Miroir, na Rue de la Montagne, uma das artérias mais antigas e mais importantes da capital belga, no que é comumente chamado de cidade baixa em oposição à cidade alta. A rua abriga o Hôtel de la Poste aux Lettres, um pequeno edifício onde escritórios de distribuição e liberação estão dispostos em torno de uma sala circular. Ela abriga também a bonita capela Sainte-Anne, vandalizada durante a Revolução Francesa e somente aberta para culto em 1814. Em frente, ergue-se a pousada dos Quatre-Seaux, em cuja fachada está gravado um cronograma em latim, como na maioria dos velhos prédios de Bruxelas cheios de história. Esse cronograma lembra que em 1563 um elefante fora levado pela primeiríssima vez a Bruxelas e que seu valoroso cornaca se hospedara ali, depois de ter sido solenemente recebido por Marguerite de Parme*.

Apesar da aparência externa desprovida de brilho, o Hôtel du Grand-Miroir orgulha-se de datar de 1286 e de ter acolhido em 1419 Marguerite de Bourgogne e sua filha, Jacqueline de Bavière, a mulher de Jean IV, duque de Brabante. É um endereço conhecido – e ainda mais famoso porque a Rue de la Montagne, inclinada como seu nome indica, por muito tempo constituíra uma parte da rota principal que cortava Bruxelas de norte a sul, ligando justamente a cidade baixa à cidade alta. Ele oferece aos viajantes cerca de cinquenta quartos bastante confortáveis e refeições três vezes ao dia, mas não obrigatórias, que podem ser servidas seja nos quartos, seja em uma mesa de hóspedes no térreo.

Ao chegar ao Hôtel du Grand-Miroir, Baudelaire é alojado no segundo andar, nos fundos do prédio, onde, por sorte, não se ouve o barulho da rua. Da janela, é possível avistar o grande telhado de vidro das galerias Saint-Hubert – cuja

---

* Brabantini VIDerUnt eLephanteM (os brabanções viram um elefante). (N.A.)

construção fora concluída em 1847 e que tem 215 metros de comprimento. Ele fica emocionado com a ideia de conhecer essa elegante passagem; depois, de ir à Grand-Place, também chamada de Place de l'Hôtel-de-Ville, onde se elevam, além do edifício em questão, sem dúvida a joia arquitetônica de Bruxelas, a Maison du Roi (antigamente um mercado de pão) e as antigas casas das corporações, todas reconstruídas no século XVIII, depois do bombardeio de 1695 comandado pelo duque de Villeroi, sob as ordens de Luís XIV.

Se Baudelaire fica tão comovido, é porque, no fundo, ele não tem experiência com visitas ao estrangeiro; seu único périplo fora, aos vinte anos, a viagem forçada de barco à Ilha Bourbon. Nisso ele não se assemelha nem um pouco aos escritores da geração romântica, quase todos atraídos pelas viagens, seguindo os gloriosos passos de Chateaubriand. Da mesma forma que ele não se assemelha aos escritores que nasceram como ele por volta de 1820, como Gustave Flaubert, Maxime Du Camp ou Nadar. Ele tampouco tem experiência de deslocamentos na França, com exceção de suas breves visitas a Châteauroux e Dijon, em 1848 e 1849, e de alguns recentes *retiros*, via Le Havre, em Honfleur.

Depois de dois ou três dias, Bruxelas já lhe parece uma cidade heterogênea, na qual os estilos se misturam e as riquezas vivem ao lado das "bugigangas". Ele discerne "incongruências arquitetônicas" e falsificações, constata que igrejas às vezes de assemelham a "butiques de curiosidades", espanta-se em descobrir, em meio a odores de sabão negro, ruas desprovidas de vida, vasos gigantescos e estátuas nos tetos das casas e muitos balcões, mas nunca "alguém ao balcão"...

Baudelaire, porém, não foi à Bélgica a passeio, e sim para fazer uma série de conferências no Cercle Artistique et Littéraire. Essa agremiação tem por objetivo "constituir um centro de reunião para os amigos das artes e das letras e para as notabilidades artísticas, literárias e científicas do país e do exterior". Depois de viver uma época brilhante, de 1850 a 1855, o Cercle acomodara-se um pouco, mas, segundo Arthur

Stevens, teria há um ou dois anos recuperado o vigor – sobretudo as conferências, que reuniam novamente um grande público. Sua sede fica num andar da Maison du Roi, na Grand-Place, onde dispõe de um gabinete de leitura provido com os melhores jornais e revistas e onde periodicamente são montadas diversas exposições de pintura. É ali que o poeta é esperado em 2 de maio de 1864. Tema de sua primeira conversa: Eugène Delacroix "como pintor e como homem".

O sucesso chega na hora certa. Baudelaire se regozija, mas lamenta bastante que Albert Lacroix e Eugène Verboeckhoven não tenham ido ouvi-lo.

Não foi apenas o projeto das conferências bruxelenses que o levou a deixar Paris; existe também o projeto de discutir com os editores de *Os miseráveis* e tentar vender-lhes por um bom preço dois ou três volumes de artigos críticos. Ele pensa no formidável sucesso do livro que enriquecera os dois sócios e no fato de que eles não haviam hesitado em pagar a Victor Hugo, quando da entrega de seu manuscrito, 125 mil francos em ouro inglês. Uma quantia absolutamente colossal que só pode fazê-lo sonhar.

Em 11 de maio, Baudelaire faz no Cercle Artistique et Littéraire uma segunda conferência, dessa vez sobre Théophile Gautier, que em 1836 visitara a Bélgica, em companhia de Gérard de Nerval, e escrevera, como era seu hábito, um minucioso relato. Infelizmente, só assistem à conferência umas vinte pessoas, se tanto. Dentre elas, um jovem escritor belga de vinte anos, Camille Lemonnier, deslumbrado, impressionado, que tem a impressão de ouvir a vibrante homilia de um religioso, de um bispo enunciando um mandamento com uma unção quase evangélica.

> Ao cabo de uma hora, a indigência de público se rarefez, o vazio em volta do mágico do verbo esvaziou-se ainda mais; só restaram dois bancos. Eles se dissiparam por sua vez; alguns dorsos tombavam de sonolência e incompreensão. Talvez aqueles que permanecessem tivessem se comovido com um pensar caridoso; talvez permanecessem como um passante

que acompanha no cemitério um solitário carro fúnebre. Talvez também fossem porteiros e os senhores da Comissão retidos em seus lugares por um dever cerimonioso[1]*.

O desapontamento é tamanho que os responsáveis pelo Cercle só oferecem a Baudelaire um modesto cachê. Apenas cinquenta francos por essa palestra e pela anterior, enquanto ele esperava quatro vezes mais. E como deseja a qualquer custo que falem dele e que Lacroix e Verboeckhoven – ou pelo menos Lacroix – venham ouvi-lo, aceita fazer gratuitamente outras três conferências.

Dez dias mais tarde tem lugar a terceira, sobre Thomas de Quincey e os paraísos artificiais, seguida na semana seguinte por outras duas, sempre sobre o mesmo tema. E cada vez diante de um público mais fraco, apesar dos anúncios nos principais jornais liberais como *L'Indépendance belge*, *L'Étoile belge* e *L'Écho de Bruxelles*; e sem a presença de Lacroix e seu associado, devidamente convidados. E nenhuma palavra na imprensa de direita, já que as atividades do Cercle eram bastante malvistas pelos meios católicos.

Não importa! Baudelaire, no auge da indignação, inventa uma nova doença: a belgofobia.

---

* Camille Lemonnier escreveu seu texto vários anos depois de ter assistido à conferência. (N.A.)

Pessoas e coisas da Bélgica

O que aumenta ainda mais a belgofobia de Baudelaire é que uma última conferência feita em 13 de junho de 1864, na Rue Neuve, na casa de um rico corretor da bolsa, Prosper Crabbé, também resulta um fiasco. Apenas dez pessoas comparecem, sendo a metade convidada pelo dono da casa, em três enormes salões iluminados por lustres, candelabros, decorados com magníficos quadros, com uma absurda profusão de bolos e vinhos...

Circunstância agravante: alguns dias depois, Lacroix e Verboeckhoven afirmam não ter interesse nas três coletâneas de críticas que Baudelaire propusera-lhes. Talvez eles tenham sido informados de que ele era o verdadeiro autor do artigo anônimo do *Le Figaro* publicado em abril passado falando do livro de Victor Hugo sobre Shakespeare...

A partir de então, a Bélgica parece-lhe odiosa. Quase imediatamente, ele decide expressar seu ódio pelo país e por sua população numa obra hostil. O poeta anota oito títulos de trabalho, quatro para o país, quatro para Bruxelas: *A grotesca Bélgica, A verdadeira Bélgica, A Bélgica a nu, A Bélgica despida, Uma capital para rir, Uma grotesca capital, A capital dos macacos* e *Uma capital de macacos*.

E ele se enfurece.

Contra tudo o que é belga. Contra os habitantes, que são "bestas, mentirosos e ladrões", que são um "monte de canalhas", que desatam a rir sem motivo, que se divertem em bando, que andam atravessado e não têm suavidade alguma em seus passos, que são presunçosos, que desprezam os homens célebres e que, na escala dos seres, têm um lugar "entre o Macaco e o Molusco".

Contra a ausência de elegância e de pudor das mulheres, todas com pés grandes, braços grandes, pescoços grossos e panturrilhas grossas. Contra a cozinha belga cheia de sal, "repugnante e elementar". Contra as quermesses de rua e a barbárie das brincadeiras das crianças. Contra o ensino público e a aversão geral pela literatura.

Contra as conversações e as locuções idiotas dos belgas (a utilização do verbo *saber* com o sentido de *poder*, por exemplo). Contra a estúpida afetação que eles têm de *repreender* seus serviçais em flamengo. Contra sua impiedade e seu ateísmo. Contra sua fobia de padres e seu culto ao Livre Pensamento. Contra seus costumes eleitorais e as corrupções políticas que estes provocam. Contra seu soberano, o avaro e medíocre Leopoldo, "miserável pequeno principículo alemão", um rei constitucional que se tornara um "autômato num palácio mobiliado". Contra o exército no qual "só se é promovido pelo suicídio".

Contra as belas-artes que se haviam retirado do país, se é que um dia estiveram presentes, já que mesmo Rubens, representante do exagero, era um "bruto vestido de seda" e uma "fonte de banalidade". Contra a maneira como se fala de pintura.

> A maneira como os belgas discutem o valor dos quadros. O número, sempre o número. Isso dura três horas. Quando, durante três horas, eles citam preços de venda, acreditam que dissertaram sobre a pintura.
> E depois é preciso esconder os quadros para dar-lhes valor.
> O olho gasta os quadros.
> Todo mundo aqui é vendedor de quadros.
> Em Anvers, qualquer inútil faz pintura.
> Sempre a pequena pintura. Desprezo da grande[1].

Alguns raríssimos artistas escapam, no entanto, da condenação sistemática de Baudelaire. Entre eles Henri Leys, pintor de história a exemplo de Delacroix que ilustrara os faustos da Bélgica e expressara através de seus retratos certo mistério das almas, o estreante Alfred Verwée, cujas primeiras obras haviam sido expostas em 1863, bem como os irmãos Stevens, Joseph mais do que Alfred, em quem ele apreciava a harmonia dos tons.

Baudelaire encontra habitualmente Verwée e os Stevens, ou ainda o amigo deles, o fotógrafo Charles Neyt, na estreita Rue Villa-Hermosa, perto da Place Royale, na taberna Prince-de-Galles, onde uma pequena corte de admiradores atenciosos se encontra e onde, após algumas discussões regadas a abundantes libações, com grandes quantidades de cerveja belga e genebra, ele pode esquecer suas aversões e exaltações contra os Macacos.

Porém, o artista belga que mais o agrada é Félicien Rops. Esse natural de Namur de 29 anos começara sua carreira fazendo caricaturas, sob influência tanto de Daumier quanto de Gavarni, antes de dedicar-se à água-forte e, a partir 1862, tratar preferencialmente de temas eróticos – se não escabrosos – com muitíssima audácia, zombaria, imaginação e humor. Baudelaire o conhecera em Paris por intermédio de Auguste Poulet-Malassis e imediatamente ficara surpreso com a verve de seus desenhos, com a crueldade com que ele esboçava seus personagens, inclusive pessoas ilustres, e com seu senso agudo do macabro – esse senso que ele também possuía e que aparecia em diversos poemas de *As flores do mal*. Assim, ele fica contente em rever Félicien Rops por ocasião de um ou outro jantar e em acompanhá-lo algumas vezes a Namur, uma pequena cidade em estilo jesuítico que lhe causa melhor impressão do que Bruxelas.

Mas o que o detém na Bélgica se ele está tão insatisfeito e tão infeliz?

Certamente a necessidade de informar-se sobre certas cidades que ainda não visitara (Bruges, Gand, Malines, Liège...), já que ele se apegara à ideia de escrever um livro sobre o país. Um certo mal-estar em voltar para a França de mãos vazias e, sem dúvida, o medo de enfrentar seus credores. Sua péssima saúde também: diarreias constantes, palpitações cardíacas, azias, insônias, ataques de febre...

No início do mês de setembro, ele descobre que Nadar irá a Bruxelas para fazer um passeio de balão sobre a cidade – sua nova mania depois da fotografia –, por ocasião do trigésimo quarto aniversário da independência belga. Assim, ele pensa em voltar para Paris com ele, uma vez encerradas as festividades.

O evento é grandioso. Em 26 de setembro de 1864, uma multidão gigantesca se espreme atrás das barreiras especialmente fabricadas para a ocasião. As pessoas não se cansam de admirar o balão de Nadar, batizado de Géant [Gigante], esperando que ele suba aos ares em presença do rei e sob os olhares de Baudelaire, que fora convidado pelo amigo a tomar lugar na cesta, mas, com medo, declinara a oferta. Pouco antes das seis horas da tarde, o balão é solto. E apenas por volta da meia-noite ele volta ao solo, entre Ypres e o Mar do Norte.

No dia 29, Nadar convida Baudelaire para um banquete de despedida no Hôtel des Étrangers, na Rue du Fossé-aux-Loups, onde se ergue a igreja dos agostinianos, única igreja de Bruxelas a não ter campanário. Estão presentes dois filhos de Victor Hugo, François e Charles, o diretor do *L'Indépendance belge*, Léon Bérardi, o novíssimo burgomestre de Bruxelas, Jules Anspach, o jovem ajudante do fotógrafo aeronauta, Georges Barral... O festim se encerra em *voluptuosa* companhia.

No dia seguinte, Nadar e Barral voltam para Paris, mas Baudelaire não faz parte da viagem.

O peso do tédio

Os dias passam, depois as semanas; o ano de 1864 vai terminar e Baudelaire está cada vez mais sem dinheiro. Ele deve três meses de pensão no Hôtel du Grand-Miroir e não sabe direito como poderá pagá-los nem como cobrir todas as despesas impostas por sua estada na Bélgica. Ele tem apenas de que se alimentar, apenas de que selar as cartas que continua enviando a diversos correspondentes na França. Entre eles, a Sra. Aupick, que também não está com boa saúde, bem como um agente literário parisiense, Julien Lemer, que ele conhecera em 1846, no Divan Le Peletier, e que encarregara de negociar a cessão de alguns de seus livros a um editor.

E o incontornável Narcisse Désiré Ancelle, a única pessoa legalmente obrigada a lhe fornecer dinheiro. Mais uma vez, Baudelaire suplica que ele envie alguma quantia. Ele assegura que, assim que receber o dinheiro, liquidará suas dívidas contraídas na Bélgica e que estará de volta a Paris em meados de dezembro. É uma promessa. Um juramento.

Ancelle envia a quantia pedida, mas Baudelaire foge a seu compromisso. Consciente de ter agido, ele lhe envia uma carta de *explicação*.

> No último momento, no momento de partir – apesar de todo o desejo que sinto de rever minha mãe, apesar do profundo tédio em que vivo, tédio maior do que aquele que me causava a besteira francesa e da qual eu *sofria* tanto há vários anos –, *um terror me tomou – um medo de cão*, medo de rever meu inferno – de atravessar Paris sem estar certo de poder fazer uma larga distribuição de dinheiro, que me garantiria um verdadeiro repouso em Honfleur. Então escrevi cartas a jornais e a amigos de Paris, e à pessoa que eu encarreguei de meus negócios atuais, isto é, a venda de quatro volumes, os mesmos eu vim *so credulously** oferecer a este infame Lacroix[1].

---

* Tão credulamente. Em inglês no original. (N.E.)

Sim, ele se entedia terrivelmente na Bélgica – e as pessoas capazes de distraí-lo podem ser contadas nos dedos da mão: os Stevens, Félicien Rops, Auguste Poulet-Malassis... Depois de morar por um tempo na Rue du Midi, em Bruxelas, este se instalara no sudoeste da capital, na próxima e tranquila comuna de Ixelles, na Rue Mercelis. Ele editava livros eróticos e decadentes, vários com tiragens restritas com frontispícios licenciosos de Rops, tanto que a casa que ocupava era lugar de constantes idas e vindas que não agradavam muito aos habitantes do bairro. Alguns gostariam de avisar a polícia... Baudelaire vai jantar na casa de Poulet-Malassis duas ou três vezes por semana e aceita pequenos trabalhos de edição na esperança de que receberiam um pequeno salário.

A partir de fevereiro de 1865, ele também é recebido algumas vezes à mesa da Sra. Victor Hugo – cujo venerado marido continuava em seu exílio de mármore em Guernesey –, que mora então na Rue de l'Astronomie. Ele é bem-recebido, Sainte-Beuve tendo falado muito bem dele, e essa companhia o comove, mesmo que a velha senhora lhe pareça algumas vezes estúpida e seus dois filhos, François e Charles, geralmente lhe deem nos nervos, sobretudo quando desfiam, quase em coro, suas ideias humanitárias e discutem com gravidade a educação internacional.

Nesse reino belga que ele abomina e que o entedia, Baudelaire não se sente motivado. Ele escreve pouco – um ou outro poema em prosa para sua futura coletânea *O Spleen de Paris*, no qual gostaria de reunir uma boa centena de textos (mas ele só compusera até então uns cinquenta), e apenas duas traduções de Poe (*O sistema do Dr. Abreu e do Prof. Pena* e *A casa de campo de Landor*), enquanto Michel Lévy põe à venda, no mês de março, o quinto livro do escritor americano, *Histórias grotescas e sérias*.

Ele também escreve mais anotações para o seu livro sobre a Bélgica, que planeja no momento chamar de *Pauvre Belgique* [Pobre Bélgica] e para o qual acumula pilhas de recortes de jornal. Aliás, é com seus recortes que ele passa a maior parte do tempo em seu quarto de hotel. Ele os classifica, faz anotações nas margens, sublinha cuidadosamente passagens que lhe parecem interessantes: discursos políticos, crônicas judiciárias, resenhas críticas, rubricas de atualidades – dentre as quais um grande número sobre o Livre Pensamento, tema que o preocupa bastante...

No início do mês de julho, Baudelaire é surpreendido: Poulet-Malassis, enfrentando graves problemas financeiros, de repente exige o pagamento de uma antiga dívida relativa à obra *As flores do mal* e ameaça, na falta de um pagamento imediato, passar seu contrato a outro editor, no caso um de seus antigos funcionários, René Pincebourde.

Apavorado ante a ideia de que esse homem que ele não suporta poderia ter a posse total de sua obra, Baudelaire pega imediatamente um trem para Paris. Uma vez lá, ele se instala num quarto de hotel perto da Gare du Nord. Nos dias que se seguem à sua chegada, ele visita Ancelle e depois vai a Honfleur ver sua mãe. Ele a informa de sua situação calamitosa e não encontra dificuldade em arrancar-lhe dois mil francos – mas Poulet-Malassis exigia cinco mil...

De volta a Paris, ele se hospeda na Rue de Douai na casa de Catulle Mendès, a quem passa a impressão, como a Camille Lemonnier em Bruxelas, de um bispo vestido de "estranhos hábitos de laico", o ar altivo, "quase aterrorizante por causa de sua atitude vagamente assustada". Ele tem um encontro com Julien Lemer, que segue suas negociações com editores, sem grandes resultados, e encontra a seguir Théodore de Banville, Charles Asselineau, Édouard Manet, Théophile Gautier...

Todos suplicam que ele não fique na Bélgica. Eles não conseguem conceber essa "mania" de se demorar num país execrado e onde se sofre. Eles se perguntam o que poderia estar detendo, prendendo, acorrentando tanto Baudelaire a esse jovem reino onde a vida cultural não prospera, onde os raros escritores são insignificantes e onde ele publicara apenas poucas linhas desde que ali se estabelecera – trata-se de *Os bons cães*, um poema em prosa dedicado a Joseph Stevens e publicado em junho de 1865 no periódico *L'Indépendance belge*.

Seria o vicioso prazer de dizer que se entedia e que tira do próprio tédio um êxtase perverso?

E se o verdadeiro motivo fosse precisamente esse medo, esse medo de cão de viver em Paris, de não ser ali o personagem *glorioso* que ele sempre sonhara tornar-se?

Já que é preciso sofrer, já que é preciso incessantemente recorrer a todos os tipos de drogas, à dedaleira, ao quinino, à beladona, já que suas crises não cessam de ocorrer, melhor se esconder, se ocultar, e esperar a morte na sombra, longe da família e dos amigos.

Indiferente a seus espantos, insensível a suas palavras, Baudelaire volta para Bruxelas, em 15 de julho, e retoma seu quarto no Hôtel du Grand-Miroir.

Um "morto entre os mortos"

Em 10 de dezembro de 1865, a Bélgica perde seu soberano, Leopoldo de Saxe-Coburgo-Gota, nascido na Alemanha em 1790, rei dos belgas desde a votação do Congresso Nacional em 4 de junho de 1831.

Essa morte ocupa por um momento Baudelaire, que recorta dos jornais todos os artigos nos quais se fala dela e compõe um epitáfio amargo, bem como dois breves poemas, dos quais o primeiro traduz bem a aversão que ele sempre sentira para com o personagem.

> O grande juiz de paz da Europa
> abotoou portanto seu paletó!
> (Eu vos explicarei esse tropo.)
> Esse rei não era um fujão
> como nosso Luís-Felipe.
> Ele pensava, obstinado velhote,
> Que nunca era tarde demais
> Para *bater* suas ignóbeis *botas*[1]*.

Evidentemente, não é um poema de grande envergadura. Esses versos não têm muito a ver com os de *As flores do mal*, que, depois de Auguste Villiers de L'Isle-Adam, Albert Glatigny, Léon Cladel e Catulle Mendès, são descobertos por outros jovens autores. Particularmente um certo Stéphane Mallarmé, que tem 23 anos e bajula Baudelaire em um artigo do *L'Artiste*, e um certo Paul Verlaine, por sua vez, com 21 anos e cujo elogio é publicado no *L'Art*, um novo periódico semanal parisiense. É como se esses autores se afastassem do "grande poeta" que é Victor Hugo e dos outros principais

---

* Tradução livre de: Le grand juge de paix d'Europe/ A donc dévissé son billard!/ (Je vous expliquerai ce trope.)/ Ce Roi n'était pas un fuyard/ Comme notre Louis-Philippe./ Il pensait, l'obstiné vieillard,/ Qu'il n'était jamais assez tard/ Pour *casser* son ignoble *pipe*. (N.A.)

poetas da fecunda época romântica para seguir os caminhos traçados por Baudelaire e inspirar-se em seus escritos.

Contudo, esses sinais de entusiasmo e de admiração quase cegos causam medo a Baudelaire. Ele gostaria principalmente que suas obras estivessem disponíveis nas livrarias e que fossem lidas pelo maior número possível de pessoas. E como ele acaba se dando conta de que Julien Lemer é um negociador medíocre, ele pede a Narcisse Désiré Ancelle que lhe sirva de agente em Paris. Ele lhe envia inclusive uma lista precisa dos editores que poderiam convir, cada nome com um brevíssimo comentário: Lévy, a quem ele já propusera todos os seus livros e que ele tacha de monstro; Hachette "grande e sólida casa"; Faure uma muito "boa escolha"; Amyot "bom, mas um último recurso"; Didier *idem* e Dentu, o qual, diz ele, deveria sem dúvida ser seduzido pelo projeto de *La Belgique déshabillée*, o objetivo desse livro satírico sendo "a gozação de tudo o que chamamos de *progresso*" e que ele chama, por sua vez, "o paganismo dos imbecis[2]".

Quinze dias depois de assim solicitar o notário da família, ele vai novamente a Namur e visita a igreja Saint-Loup em companhia de Poulet-Malassis e Rops. Com suas doze colunas dóricas maciças de mármore vermelho, suas placas de mármore negro revestindo os muros do coro e a abóbada cilíndrica coberta de esculturas, essa igreja, construída no século XVII no estilo próprio aos jesuítas, faz parte dos monumentos belgas que ele mais aprecia. Uma curiosidade: ali vemos ainda o buraco feito por uma bala de canhão quando do cerco da cidade em 1692.

De repente, Baudelaire é tomado de vertigens. Algumas horas depois, ao ter dificuldade em mover os membros, ele é levado de volta ao Hôtel du Grand-Miroir em Bruxelas, onde fica dois dias inteiros deitado de costas, sem se mexer, incapaz de pronunciar uma frase coerente. O Dr. Oscar Max, a quem Baudelaire já recorrera, chega rapidamente e constata um início de paralisia no lado direito do corpo.

Um dos primeiros a ficar sabendo da notícia em Paris é Ancelle. Sempre minucioso e justo, de uma honestidade inabalável, ele se apressa em ir a Bruxelas e leva consigo dinheiro, prevendo os cuidados de que Baudelaire necessitaria. De seu lado, Asselineau e Sainte-Beuve consultam cada um seus próprios médicos para saber que conselhos seria útil transmitir a Baudelaire. E a Sra. Victor Hugo, igualmente avisada, exige que seu médico pessoal corra para a cabeceira do poeta.

Apesar de ainda conseguir ditar algumas cartas, a afasia o atinge tão rapidamente que ele precisa ser transportado, em 3 de abril de 1866, para o instituto Saint-Jean-et-Sainte-Élisabeth, dirigido pelas irmãs hospitaleiras, na Rue des Cendres, perto do Jardim Botânico. Em sua ficha de admissão, as irmãs escrevem que o doente tem 45 anos, exerce a profissão de homem de letras e sofre de apoplexia.

Amigos vão vê-lo todos os dias nas horas reservadas às visitas: os irmãos Stevens, Charles Neyt, que é um dos últimos a ter recentemente tirado fotos dele, Poulet-Malassis, Rops...

E eis que chega a Sra. Aupick, que tem 63 anos, escoltada por sua fiel criada. As duas mulheres se instalam no Hôtel du Grand-Miroir, para onde Baudelaire é logo levado e onde continua a receber os amigos mais próximos. Mesmo sem conseguir falar e semiparalisado, ele ainda conserva parte de suas faculdades mentais. O poeta entende o que se passa, o que está acontecendo, reconhece as vozes e os rostos, tem forças para fazer passeios de carro nos arredores de Bruxelas, em Uccle, um povoado populoso ao longo da floresta de Soignes.

Ele ainda consegue manifestar sua alegria, uma verdadeira alegria de criança, quando, ao fim do mês de abril, Poulet-Malassis vai apresentar-lhe sua *Marginália*. Esse livreto, com uma tiragem de 260 exemplares na coleção do Coq, ornado com um frontispício de Rops, contém 23 peças: *O crepúsculo romântico* como introdução, os seis poemas condenados de *As flores do mal* e quatro seções intituladas respectivamente de *Galanteios*, *Epígrafes*, *Peças várias* e *Pilhérias*. O conjunto tem algo de desigual, mas não é isso que prejudicaria a reputação de Baudelaire.

Como constata que a saúde do filho melhora ligeiramente, a Sra. Aupick decide levá-lo para Honfleur, para a *casinha de brinquedo* onde ele escrevera algumas de suas melhores páginas. Sempre lúcido, Baudelaire lembra que tem alguns negócios em andamento na Bélgica e que seria bom resolvê-los antes de voltar para a França: recuperar um relógio de que gosta muito, depositado no Mont-de-Piété*; buscar uns poemas que estão nas mãos de um copista e pagar algumas pequenas contas em bares bruxelenses.

Em 29 de junho, acompanhado pela mãe, Baudelaire desembarca do trem na Gare du Nord em Paris, amparado por Arthur Stevens e penosamente apoiado numa bengala, a cabeleira embranquecida, os traços cadavéricos. Em suas bagagens encontram-se seus livros e seus preciosos manuscritos. Ele fica dois dias em um hotel antes de ser transportado à Casa de Saúde do Dr. Émile Duval, um famoso especialista em medicina hidroterápica, na Rue du Dôme, perto do Arco do Triunfo.

Por iniciativa de Asselineau, diversos escritores assinam uma petição para que o ministro da Instrução Pública, Victor Duruy, conceda uma pensão "à altura das despesas dos tratamentos" exigidos com urgência pelo estado de saúde de Baudelaire. Um favor, especifica o texto, que seria bem justificado pelos "trabalhos de um escritor que revelou à França o mais belo gênio literário do Novo Mundo e que há vinte anos contribui na redação das revistas e dos jornais mais importantes". Entre os signatários, três *ilustres* acadêmicos: Jules Sandeau, Prosper Mérimée e o *eterno* Sainte-Beuve. Em outubro, a subvenção é concedida.

De agora em diante, Baudelaire está preso à cama, enquanto a Sra. Aupick, nada mais podendo fazer pelo filho,

---

* *Mont-de-Piété* (monte-de-piedade ou monte-do-socorro): instituição pública onde se empresta, sob penhor, dinheiro aos pobres. (N.T.)

volta para a sua casa normanda. Os amigos infalíveis, como Nadar, Banville, Champfleury e Asselineau, sucedem-se em seu quarto e tentam alegrar seus tristes dias. Apollonie Sabatier, a Presidenta, também vai seguidamente vê-lo e fica longas horas a seu lado.

Quanto a Jeanne...

Ninguém sabe onde ela está, ninguém próximo ao poeta a vê nem de perto nem de longe, nem em Paris nem alhures, pelo menos há um ano.

O tempo passa, inexorável, impiedoso, feroz, sinistro, assustador, e agora Baudelaire só responde com duas ou três palavras, com pausas formuladas em voz trêmula, depois com monossílabos e imperceptíveis movimentos das pálpebras e dos lábios.

Sua mãe acorre da *casinha de brinquedo*. Ela não larga sua mão. Cerca o filho de cuidados, sentada lacrimosa em uma poltrona de acompanhante; fala com ele baixinho, balbucia, evoca vagas e longínquas lembranças. Espera em silêncio que os anjos passem.

Na sexta-feira, dia 30 de agosto de 1867, ela chama um padre e pede encarecidamente que administre a extrema-unção a seu filho. E ela reza. Ela reza a Deus e aos santos, com as mãos juntas, o olhar úmido.

Na manhã seguinte, por volta das onze horas, quando Baudelaire morre em seus braços e ela fecha os olhos dele para sempre, a Sra. Aupick ainda não sabe que colocou no mundo, 46 anos e quatro meses atrás, um dos grandes mágicos da literatura.

# ANEXOS

Referências cronológicas

1821. *9 de abril*: nascimento de Charles Baudelaire no nº 13 da Rue Hautefeuille em Paris.

1827. *10 de fevereiro*: morte de Joseph-François Baudelaire, o pai de Charles.

1828. *8 de novembro*: a mãe de Charles, Caroline Dufaÿs (nascida em 1793), casa em segundas núpcias com Jacques Aupick (nascido em 1789), chefe de batalhão.

1832. Os Aupick e Baudelaire vão morar em Lyon.

1836. *1º de março*: Baudelaire ingressa no colégio Louis-le-Grand em Paris.

1839. *18 de abril*: ele é expulso do colégio por indisciplina.

1840. Conhece jovens poetas (dentre os quais Gustave Le Vavasseur e Ernest Prarond). Tem uma ligação com uma prostituta chamada Sara, apelidada de La Louchette.

1841. Faz uma longa viagem pela África. Reside nas Ilhas Maurício e na Ilha Bourbon (Reunião), onde fica encantado com a Sra. Autard de Bragard, que lhe inspira um de seus primeiros grandes poemas.

1842. De volta à França, Baudelaire, maior de idade, toma posse da parte da fortuna de seu pai que lhe cabe. Apaixona-se por Jeanne Duval, uma atriz mulata que conhecera graças a Nadar. Conhece Théophile Gautier e Théodore de Banville.

1843. Baudelaire instala-se no luxuoso Hôtel Pimodan, na ilha Saint-Louis. É ali que se reúne o Clube dos Haxixeiros, do qual ele participa. Nesse hotel, conhece Apollonie Sabatier, mais tarde apelidada de Presidenta.

1844. *21 de setembro*: Narcisse Désiré Ancelle, notário em Neuilly, é designado curador de Baudelaire pelo tribunal civil de Paris. A medida é tomada a pedido da Sra. Aupick, que vê o filho viver gastando (demais) e dilapidando sua fortuna.

1845. Baudelaire publica seu primeiro livro: *Salão de 1845*. Nele, celebra enfaticamente Eugène Delacroix.

1846. Começa a colaborar com uma série de jornais e revistas. Publica *Salão de 1846* com Michel Lévy, que tem a mesma idade que ele. Conhece Charles Asselineau, que se torna um de seus amigos mais fiéis e que o apresenta a obra de Edgar Allan Poe.

1847. Baudelaire publica em revista *A Fanfarlô*, sua única novela. Ligação com a atriz Marie Daubrun.

1848. *22, 23 e 24 de fevereiro*: ele vai para as barricadas. Participa, muito excitado, na redação do *Salut public* com Champfleury, depois é secretário de redação da *Tribune nationale*.
15 de julho: publica em revista a primeira de suas traduções de Poe, *Revelação magnética*.

1851. Diversos poemas da futura *As flores do mal* são publicados em revista. Nesse momento, Baudelaire pretende agrupá-los e publicá-los sob o título de *Os limbos*.

1852. Envia anonimamente à Madame Sabatier um primeiro poema, *À que está sempre alegre* (uma meia dúzia de outros seguirão). Publica na *Revue de Paris* um estudo detalhado sobre Poe.

1855. Pretende intitular de *As flores do mal* a coletânea de poemas na qual trabalha há quase dez anos. Amizade com Jules Barbey d'Aurevilly.

1856. Michel Lévy edita as *Histórias extraordinárias* de Poe na tradução de Baudelaire. Este se separa (provisoriamente) de Jeanne Duval.

1857. *20 de abril*: Jacques Aupick morre. Sua viúva, a mãe de Baudelaire, retira-se para Honfleur.
25 de junho: os editores Auguste Poulet-Malassis e Eugène de Broise colocam à venda *As flores do mal*.
20 de agosto: a Vara Correcional condena o poeta e seus editores a multas e ordena a supressão de seis poemas de *As flores do mal*.
Baudelaire publica aqui e ali seus primeiros poemas em prosa e um estudo sobre *Madame Bovary*, de Gustave Flaubert, também nascido em 1821. A Presidenta entrega-se a ele.

1858. Michel Lévy edita *O relato de Arthur Gordon Pym*, de Poe, na tradução de Baudelaire.

1859. Baudelaire passa diversas temporadas em Honfleur na casa da mãe. Jeanne Duval, com quem ele reata (de novo provisoriamente), fica gravemente doente.

1860. Publicação de *Paraísos artificiais* com Poulet-Malassis. Seu estado de saúde começa a ficar preocupante.

1861. Uma segunda edição "corrigida" de *As flores do mal* é publicada.
Dezembro: Baudelaire entrega sua candidatura à Academia Francesa.

1862. Escreve diversas notas sobre poetas (dentre os quais Victor Hugo e Théophile Gautier).

1863. Vai a Bruxelas para fazer conferências. Espera tratar com os editores de *Os miseráveis*, de Victor Hugo.

1864. Enojado de Bruxelas, da Bélgica e dos belgas, ele acumula anotações destinadas a um panfleto que teria como um de seus títulos de trabalho *Pauvre Belgique* [Pobre Bélgica]. Paralelamente, faz anotações para uma obra autobiográfica (*Meu coração a nu*). Os primeiros poemas do *Spleen de Paris* são publicados no *Le Figaro*.

1865. Baudelaire é vítima de vários distúrbios crônicos (vertigens, náuseas, nevralgias) e tenta curar-se com ópio e quinino.

1866. *15 de março*: ele é atingido de hemiplegia em Namur. A Sra. Aupick acorre para a Bélgica e tenta socorrer o filho. Em julho, ela o leva de volta para Paris e o hospitaliza em uma Casa de Saúde na Rue du Dôme.

1867. *31 de agosto*: Baudelaire morre por volta das onze horas da manhã.

A Sra. Aupick morre em Honfleur, em 16 de agosto de 1871. Ela é enterrada no cemitério Montparnasse, em Paris, na mesma tumba onde repousam seu marido e seu filho.

Referências bibliográficas

EDIÇÕES ORIGINAIS EM LIVRO

Salon de 1845. Paris, Labitte, 1845.

Salon de 1846. Paris, Lévy, 1846.

Philosophie de l'ameublement, tradução da obra de Edgar Allan Poe. Alençon, Poulet-Malassis, 1854. (Livreto com tiragem em pequeníssimo número.)

Histoires extraordinaires, tradução da obra de Edgar Allan Poe. Paris, Lévy, 1856.

Nouvelles histoires extraordinaires, tradução da obra de Edgar Allan Poe. Paris, Lévy, 1857.

Les Fleurs du mal. Paris, Poulet-Malassis e De Broise, 1857.

Aventures d'Arthur Gordon Pym, tradução da obra de Edgar Allan Poe. Paris, Lévy, 1858.

Théophile Gautier. Paris, Poulet-Malassis e De Broise, 1859.

Les Paradis artificiels. Paris, Poulet-Malassis e De Broise, 1860.

Richard Wagner et Tannhäuser à Paris. Paris, Dentu, 1861.

Eurêka, tradução da obra de Edgar Allan Poe. Paris, Lévy, 1864.

Histoires grotesques et sérieuses, tradução da obra de Edgar Allan Poe. Paris, Lévy, 1865.

Les Épaves. Bruxelas, Poulet-Malassis, 1866.

EDIÇÕES ORIGINAIS PÓSTUMAS

Curiosités esthétiques. Paris, Lévy, 1868. Trata-se do segundo tomo das *Œuvres complètes*. O conjunto dessas *Œuvres* conta com sete volumes.

L'Art romantique. Paris, Lévy, 1868. O livro constitui o terceiro tomo das *Œuvres complètes*.

Petits poèmes en prose (Le Spleen de Paris). Paris, Lévy, 1869. O livro constitui o quarto tomo das *Œuvres complètes*.

Souvenirs, correspondances, bibliographie, suivis de pièces inédites. Paris, Pincebourde, 1872.

Œuvres posthumes et correspondances inédites. Paris, Quantin, 1887.

Lettres: 1841-1866. Paris, Mercure de France, 1906.

Mon cœur mis à nu. Paris, Blaizot, 1909.

Journaux intimes (Fusées, Mon cœur mis à nu). Paris, Crès, 1920.

Amoenitates belgicae. Paris, Montel, 1930.

Edições modernas

Œuvres complètes. Gallimard, coll. Bibliothèque de la Pléiade, dois tomos, 1975 e 1976, 2000.

Correspondance. Gallimard, coll. Bibliothèque de la Pléiade, dois tomos, 1973. Nova tiragem revista e completa em 1993 (tomo 1) e 1999 (tomo 2).

Correspondance, escolha e apresentação de Claude Pichois e Jérôme Thélot. Gallimard, Folio Classique, 2000.

[*Poesia e prosa: volume único*, edição organizada por Ivo Barroso. Rio de Janeiro, Nova Aguilar, 1995.]

Ensaios

São inúmeros os livros dedicados à vida e à obra de Charles Baudelaire. Colocamos aqui os que foram consultados para a presente bibliografia e que se referem diretamente ao autor.

Asselineau, Charles. *Charles Baudelaire, sa vie et son œuvre*. Paris, Lemerre, 1869 & Cognac, Le Temps qu'il fait, 1990.

AVICE, Jean-Paul; PICHOIS, Claude. *Baudelaire, L'ivresse des images*. Paris, Textuel, coll. Passion, 2003.

BANDY, W.T.; PICHOIS, Claude. *Baudelaire devant ses contemporains*. Mônaco, Éditions du Rocher, 1957, Klincksieck, 1996.

Baudelaire. Paris, Hachette, coll. Génies et Réalités, 1961.

Baudelaire et son rayonnement. Paris, La Table Ronde, 1967, nº 232.

BENJAMIN, Walter. *Baudelaire*. Paris, Petite Bibliothèque Payot, 1990, 2002.

BERNARD, Émile. *Charles Baudelaire critique d'art*. Bruxelas, Éditions de La Nouvelle Revue Belgique, s.d. [1945].

BUTOR, Michel. *Histoire extraordinaire. Essai sur un rêve de Baudelaire*. Paris, Gallimard, 1961, 1988.

CASTEX, Pierre-Georges. *Baudelaire critique d'art*. Paris, Sedes, 1969.

CRÉPET, Eugène. *Baudelaire*. Paris, Messein, 1906.

DUFAY, Pierre. *Autour de Baudelaire*. Paris, Au Cabinet du Livre, 1931.

Études baudelairiennes, dois volumes. Neuchâtel, À La Baconnière, 1971 e 1973.

FUMET, Stanislas. *Notre Baudelaire*. Paris, Plon, 1926.

GALAND, René. *Baudelaire, poétiques et poésie*. Paris, Nizet, 1969.

HAMELIN, Jacques. *La Réhabilitation judiciaire de Baudelaire*. Paris, Dalloz, 1952.

Journées Baudelaire, actes du colloque. Bruxelas, Académie royale de langue et de littérature française de Belgique, 1968.

JOUVE, Pierre-Jean. *Tombeau de Baudelaire*. Paris, Le Seuil, 1958.

KEMPF, Roger. *Dandies. Baudelaire et Cie.* Paris, Le Seuil, 1977, 1984.

KIES, Albert. *Études baudelairiennes*. Louvain, Nauwelaerts, 1963.

KOPP, Robert; PICHOIS, Claude. *Les Années Baudelaire*. Neuchâtel, À La Baconnière, 1969.

Kunel, Maurice. *Cinq journées avec Charles Baudelaire* (palavras recolhidas por Georges Barral). Liège, Aux Éditions de "Vigie 30", 1932, Obsidiane, 1995.

_____. *Baudelaire en Belgique*. Liège, Soledi, 1944.

Laforgue, René. *L'Échec de Baudelaire, étude psychanalytique sur la névrose de Baudelaire*. Paris, Denoël, 1931; Genebra, Éditions du Mont-Blanc, 1964.

Lemonnier, Léon. *Les Traducteurs d'Edgar Poe en France de 1845 à 1875: Charles Baudelaire*. Paris, Presses universitaires de France, 1928.

_____. *Enquêtes sur Baudelaire*. Paris, Crès, 1929.

Léoutre, Gilbert; Salomon, Pierre. *Baudelaire et le Symbolisme*. Paris, Masson et Cie, 1970.

Marchand, Jean José. *Sur "Mon cœur mis à nu" de Baudelaire*. Paris, L'Herne, 1970.

Mauclair, Camille. *Charles Baudelaire: sa vie, son art, sa légende*. Paris, Maison du Livre, 1917.

_____. *La Vie Amoureuse de Charles Baudelaire*. Paris, Flammarion, 1927.

Mauron, Charles. *Le Dernier Baudelaire*. Paris, Corti, 1966.

Mouquet, Jules; Bandy, W.T. *Baudelaire en 1848*. Paris, Émile-Paul, 1946.

Ortlieb, Gilles. *Au Grand Miroir*. Paris, Gallimard, 2005.

Pachet, Pierre. *Le Premier Venu. Essai sur la politique baudelairienne*. Paris, Denoël, 1976.

Pia, Pascal. *Baudelaire par lui-même*. Paris, Le Seuil, 1952, 1970.

Pichois, Claude. *Baudelaire à Paris*. Paris, Hachette, 1967.

Pichois, Claude; Ziegler, Jean. *Baudelaire*. Paris, Juilliard, 1987, Fayard, 2005.

Pichois, Claude; Avice, Jean-Paul. *Dictionnaire Baudelaire*. Tusson, Du Lérot, 2002.

Pommier, Jean. *Dans les chemins de Baudelaire*. Paris, Corti, 1945.

Porché, François. *Baudelaire et la Présidente*. Genebra, Éditions du Milieu du Monde, 1941, Paris, Gallimard, 1959.

Poulet, Georges; Kopp, Claude. *Qui était Baudelaire?*. Genebra, Skira, 1969.

Richer, Jean; Ruff, Marcel Albert. *Les Derniers Mois de Charles Baudelaire et la publication posthume de ses œuvres*. Paris, Nizet, 1976.

Sartre, Jean-Paul. *Baudelaire*. Paris, Gallimard, 1947, coll. Folio Essais, 1988.

Soupault, Philippe. *Baudelaire*. Paris, Rieder, 1931.

Starobinski, Jean. *La Mélancolie au miroir: trois lectures de Baudelaire*. Paris, Juillliard, 1989, 2004.

Vivier, Robert. *L'Originalité de Baudelaire*. Bruxelas, Académie royale de langue et de littérature française de Belgique, 1965, 1991.

Notas

A CHEGADA DO MAU

1. Antoine Blondin, citado em *Baudelaire*. Paris, Hachette, coll. Génies et Réalités, 1961.
2. Antoine Blondin, *ibid.*

A HONRA DO COLÉGIO

1. Carta de 9 de novembro de 1832, in *Lettres inédites aux siens*. Paris, Grasset, 1966.
2. Carta de 1º de janeiro de 1834, *ibid.*
3. Carta de 25 de fevereiro de 1836, *ibid.*
4. Carta do reitor do Louis-le-Grand a M. Aupick, datada de 18 de abril de 1839, *ibid.*

A VIDA DIANTE DE SI

1. Carta de 23 de agosto de 1839, in *Lettres inédites aux siens*, op. cit.
2. Charles Baudelaire, *Correspondance*. Paris, Gallimard, coll. Folio (edição de referência para as notas desta obra), 2000, p. 47.
3. Charles Baudelaire, "Correspondências", *As flores do mal*, tradução de Ivan Junqueira. In *Poesia e prosa: volume único*, Rio de Janeiro, Nova Aguilar, 1995, p. 109.

NOS MARES SO SUL

1. Charles Baudelaire, "O frasco", *As flores do mal*, op. cit, p. 140.
2. Charles Baudelaire, "A uma dama crioula", *As flores do mal*, op. cit, p. 153.
3. Charles Baudelaire, "A uma malabarense", *As flores do mal*, op. cit., p. 253.
4. Charles Baudelaire, "Bem longe daqui", *As flores do mal*, op. cit., p. 228.

A VOLTA DO FILHO PRÓDIGO

1. Ver a coletânea *Les Physiologies*, Université de Paris, 1958, e Jean-Baptiste Baronian, *Une bibliothèque excentrique*, Cognac, Le Temps qu'il fait, 2004.

2. Charles Baudelaire, *Théophile Gautier*, tradução de Joana Angélica D'Ávila Melo. In *Poesia e prosa: volume único*, *op. cit.*, p. 587.
3. Jean Prinet e Antoinette Dilasser, *Nadar*. Paris, Armand Colin, 1966.
4. Champfleury, *Souvenirs et portraits de jeunesse*. Paris, Dentu, 1872.
5. Charles Baudelaire, *Théodore de Banville*, tradução de Joana Angélica D'Ávila Melo. In *Poesia e prosa: volume único*, *op. cit.*, p. 607.

"A SERPENTE QUE DANÇA"

1. Charles Baudelaire, Poema XXXII, sem título, *As flores do mal*, *op. cit.*, p. 129.
2. In *Baudelaire devant ses contemporains*, textos recolhidos e publicados por W.T. Bandy e Claude Pichois. Mônaco, Éditions du Rocher, 1957.
3. Camille Mauclair, *La vie amoureuse de Charles Baudelaire*. Paris, Flammarion, 1927.
4. Claude Pichois e Jean Ziegler, *Baudelaire*. Juilliard, 1987.
5. Charles Baudelaire, "Sed non satiata", *As flores do mal*, *op. cit.*, p. 124.
6. Charles Baudelaire, "O vampiro", *As flores do mal*, *op. cit.*, p. 128.

A CABEÇA CHEIA DE TURBILHÕES

1. Ver Jules Marsan, *Bohème romantique*. Paris, Les Cahiers libres, 1929.
2. Charles Baudelaire, *Paraísos artificiais*, tradução de José Saramago. In *Poesia e prosa: volume único*, *op. cit.*, p. 109.
3. *Ibid.*, p. 362.
4. Ver sobre isso Roger Kempf, *Dandies*. Paris, Le Seuil, 1977.
5. Jules Barbey d'Aurevilly, *Du dandysme et de G. Brummel*. Paris, Poulet-Malassis, 1861, 2ª edição aumentada.

LUZ E TREVAS

1. Charles Baudelaire, *Salão de 1845*, tradução de Cleone Augusto Rodrigues. In *Poesia e prosa: volume único*, *op. cit.*, p. 664.
2. Ibid; p. 664 e 665
3. Ver Jean-François Revel, "Delacroix entre les anciens et les modernes", *L'Œil*, nº 101, maio de 1963.
4. Théophile Gautier, *Nouvelles*. Paris, Charpentier, 1845.
5. Claude Pichois e Jean Ziegler, *Baudelaire*, *op. cit.*

O AMOR... SEMPRE

1. Claude Pichois e Jean-Paul Avice, *Dictionnaire Baudelaire*. Tusson, Du Lérot, 2002.
2. Charles Baudelaire, *OC I*, *op. cit.*, p. 223.
3. Camille Mauclair, *La vie amoureuse de Charles Baudelaire*, *op. cit.*
4. *Ibid.*
5. Charles Baudelaire, *Como pagar as dívidas quando se tem gênio*, tradução de Joana Angélica D'Ávila Melo. In *Poesia e prosa: volume único*, *op. cit.*, p. 555.
6. *Ibid.*, p. 557.
7. Charles Baudelaire, *Seleta de máximas consoladoras sobre o amor*, tradução de Alexei Bueno. In *Poesia e prosa: volume único*, *op. cit.*, p. 463.

UM NOVO SALÃO

1. Émile Bernar, *Charles Baudelaire critique d'art*. Bruxelas, Éditions de la Nouvelle Revue Belgique, s.d. [1944].
2. Charles Baudelaire, *O Salão de 1846*, tradução de Cleone Augusto Rodrigues. In *Poesia e prosa: volume único*, *op. cit.*, p. 689.
3. *Ibid.*, p. 712.
4. *Ibid.*, p. 711.
5. *Ibid.*
6. *Ibid.*, p. 729.
7. *Ibid.*, p. 731.

UM CERTO SAMUEL CRAMER

1. Charles Baudelaire, *A Fanfarlô*, tradução de Alexei Bueno. In *Poesia e prosa: volume único*, *op. cit.*, p. 467.
2. *Ibid.*, p. 468.
3. *Ibid.*, p. 482-483.
4. *Ibid.*, p. 484.
5. Charles Baudelaire, *O Salão de 1846*, *op. cit.*, p. 731.

NAS BARRICADAS

1. Carta de 4 de dezembro de 1847, *in* Jules Mouquet e W.T. Bandy, *Baudelaire en 1848*, Paris, Émile-Paul, 1946.
2. Charles Baudelaire, *O Salão de 1846*, *op. cit.*, p. 726.
3. Jules Mouquet e W.T. Bandy, *Baudelaire en 1848*, *op. cit.*

TEMPO DE RETRAIMENTO

1. Sainte-Beuve, *Portraits littéraires*. Laffont, coll. Bouqins, 1993.
2. Charles Baudelaire, *Meu coração a nu*, tradução de Fernando Guerreiro. In *Poesia e prosa: volume único, op. cit.*, p. 530-531.

ENTRE DOIS EDITORES

1. Charles Baudelaire, *Salão de 1846, op. cit.*, p. 690.

O HOMEM DE TRINTA ANOS

1. Charles Baudelaire, "A musa doente", *As flores do mal, op. cit.*, p. 112.
2. Charles Baudelaire, *Pierre Dupont, Œuvres complètes II*. Gallimard, coll. Bibliothèque de la Pléiade, 1961, p. 35 e 36.

UM SANTO MALDITO

1. A maior parte deles agrupados no *Cahier de l'Herne* dedicado a Edgar Allan Poe (L'Herne, 1974).
2. Charles Baudelaire, *Edgar Allan Poe*, tradução de Joana Angélica D'Ávila Melo. In *Poesia e prosa: volume único, op. cit.*, p. 630.
3. *Ibid.*, p. 651.
4. *Ibid.*, p. 652-653.
5. Essas são as primeiras palavras de uma carta de Baudelaire datada de 5 de março de 1852, *Correspondance, op. cit.*, p. 69.

CARTA À PRESIDENTA

1. Segundo a picante avaliação de Camille Mauclair em *La vie amoureuse de Charles Baudelaire, op. cit.*
2. Charles Baudelaire, "À que está sempre alegre", *As flores do mal, op. cit.*, p. 238-239.
3. Charles Baudelaire, *Correspondance, op. cit.*, p. 73.
4. Jean-René Huguenin, "Je suis de mon cœur le vampire", in *Baudelaire*, Hachette, coll. Génies et Réalités, 1961.

NO CONFESSIONÁRIO DO CORAÇÃO

1. Charles Baudelaire, *Moralidade do brinquedo*, tradução de Alexei Bueno. In *Poesia e prosa: volume único, op. cit.*, p. 492.

2. Charles Baudelaire, "Reversibilidade", *As flores do mal, op. cit.*, p. 137.
3. Charles Baudelaire, *Correspondance, op. cit.*, p. 80.
4. Charles Baudelaire, "Confissão", *As flores do mal, op. cit.*, p. 138.
5. Charles Baudelaire, *Correspondance, op. cit.*, p. 82 e 83.

MAS COMO SAIR DESSA?

1. *Correspondance, op. cit.*, p. 95.
2. *Ibid.*, p. 101.
3. *Ibid.*, p. 105.
4. Charles Baudelaire, "Hino", *As flores do mal, op. cit.*, p. 244.

SEM DOMICÍLIO FIXO

1. Charles Baudelaire, *Exposição universal (1855)*, tradução de Suely Cassal. In *Poesia e prosa: volume único, op. cit.*, p. 775.

POE NAS LIVRARIAS

1. *Correspondance, op. cit.*, p. 120 e 121.

O CRÁPULA, O IGNORANTE

1. De uma carta datada de 28 de março de 1857, *Correspondance, op. cit.*, p. 128.
2. *Ibid.*, p. 129.
3. Jules Barbey d'Aurevilly, *Les œuvres et les hommes*, Paris, Lemerre, 1895.

FINALMENTE NASCE A *CRIANÇA*

1. *Correspondance, op. cit.*, p. 135.
2. Citado por Claude Pichois e Jean Ziegler, *Baudelaire, op. cit.*, p. 347.
3. *Correspondance, op. cit.*, p. 136 e 137.
4. *Ibid.*, p. 138.

UMA DUPLA DERROTA

1. Citado por Claude Pichois e Jean Ziegler, *Baudelaire, op. cit.*
2. *Ibid.*, p. 369.
3. *Ibid.*, p. 362.

O MAL DE VIVER

1. Charles Baudelaire, *Alguns caricaturistas franceses*, tradução de Joana Angélica D'Ávila Melo. In *Poesia e prosa: volume único, op. cit.*, p. 751.
2. Charles Baudelaire, *Alguns caricaturistas estrangeiros*, tradução de Plínio Augusto Coelho. In *Poesia e prosa: volume único, op. cit.*, p. 766.
3. Charles Baudelaire, *Madame Bovary*, tradução de Joana Angélica D'Ávila Melo. In *Poesia e prosa: volume único, op. cit.*, p. 565.
4. *Ibid.*, p. 568.
5. *Correspondance, op. cit.*, p. 140.
6. *Ibid.*, p. 142.

"ANCELLE É UM MISERÁVEL"

1. Citado por Claude Pichois e Jean Ziegler, *Baudelaire, op. cit.*, p. 379.
2. *Correspondance, op. cit.*, p. 145.

DE UMA MULHER A OUTRA

1. Charles Baudelaire, *La double vie, Œuvres complètes, op. cit.*, p. 89.
2. *Correspondance, op. cit.*, p. 156.
3. Charles Baudelaire, *Théophile Gautier [I]*, tradução de Joana Angélica D'Ávila Melo. In *Poesia e prosa: volume único, op. cit.*, p. 584.
4. *Ibid.*, p. 592.
5. *Ibid.*, p. 589.

O "PRÍNCIPE DAS CARNIÇAS"

1. *Correspondance, op. cit.*, p. 163.
2. Charles Baudelaire, *Salão de 1859*, tradução de Suely Cassal. In *Poesia e prosa: volume único, op. cit.*, p. 802 e 803.
3. *Ibid.*, p. 813.
4. Carta de Baudelaire a Victor Hugo de [23?] de setembro de 1859, *Correspondance, op. cit.*, p. 175.

FRUIÇÃO MUSICAL

1. Carta de Victor Hugo a Baudelaire, *Œuvres complètes II, op. cit.*, p. 1129.

2. Charles Baudelaire, *Carta a Richard Wagner*, tradução de Heitor Ferreira da Costa e Plínio Augusto Coêlho. In *Poesia e prosa: volume único, op. cit.*, p. 912.
3. Charles Baudelaire, *Paraísos artificiais*, tradução de José Saramago. In *Poesia e prosa: volume único, op. cit.*, p. 456.

RETORNO A NEUILLY

1. A expressão é de Léon Lemonnier, *Enquêtes sur Baudelaire*. Paris, Crès, 1929.
2. Pierre Dufay, *Autour de Baudelaire*. Paris, Au Cabinet du Livre, 1931.
3. Charles Baudelaire, "A viagem", *As flores do mal, op. cit.*, p. 217.

O CORPO A NU

1. Charles Baudelaire, "Horror simpático", *As flores do mal, op. cit.*, p. 165.
2. Charles Baudelaire, "O sol", *As flores do mal, op. cit.*, p. 170.
3. Charles Baudelaire, *Richard Wagner e Tannhäuser em Paris*, tradução de Heitor Ferreira da Costa e Plínio Augusto Coêlho. In *Poesia e prosa: volume único, op. cit.*, p. 918.

VISITAS DISTINTAS

1. *Correspondance, op. cit.*, p. 249 e 250.
2. Citadas por W.T. Bandy e Claude Pichois, essas palavras são relatadas por Asselineau, in *Baudelaire devant ses contemporains, op. cit.*
3. *Correspondance, op. cit.*, p. 253.
4. W.T. Bandy e Claude Pichois, *Baudelaire devant ses contemporains, op. cit.*

O ANO DAS MISÉRIAS

1. Charles Baudelaire, *Os miseráveis por Victor Hugo*, tradução de Joanna Angélica D'Ávila Melo. In *Poesia e prosa: volume único, op. cit.*, p. 621 e 622.
2. Charles Baudelaire, *Œuvres complètes, op. cit.*, p. 1681.
3. Charles Baudelaire, *Œuvres complètes I, op. cit.*, p. 134.

A CORRIDA AOS EDITORES

1. Charles Baudelaire, *A obra e a vida de Eugène Delacroix*, tradução de Plínio Augusto Coêlho. In *Poesia e prosa: volume único, op. cit.*, p. 894.
2. *Ibid.*, p. 895.
3. *Ibid.*, p. 892.

TODAS AS ESTULTICES DO SÉCULO

1. Charles Baudelaire, *O pintor da vida moderna*, tradução de Suely Cassal. In *Poesia e prosa: volume único, op. cit.*, p. 859.
2. Charles Baudelaire, *Aniversário do nascimento de Shakespeare*, tradução de Marcella Mortara. In *Poesia e prosa: volume único, op. cit.*, p. 626.
3. *Ibid.*, p. 624.

UM CICLO DE CONFERÊNCIAS

1. Citado por Maurecie Kunel, *Baudelaire en Belgique*. Liège, Soledi, 1945, p. 34 e 35.

PESSOAS E COISAS DA BÉLGICA

1. Charles Baudelaire, *La Belgique déshabillée*. Gallimard, coll. Folio, 1986. (No livro, esse título é precedido por *Fusées* e *Mon cœur mis à nu*.)

O PESO DO TÉDIO

1. *Correspondance, op. cit.*, p. 310.

UM "MORTO ENTRE OS MORTOS"

1. Charles Baudelaire, *Œuvres complètes II, op. cit.*, p. 975.
2. Carta a Narcisse Désiré Ancelle de 18 de fevereiro de 1866, *Correspondance, op. cit.*, p. 377 e 378.

Sobre o autor

Nascido em 1942, em Anvers, numa família de origem armênia, Jean-Baptiste Baronian é autor de cerca de sessenta livros, entre eles romances, coletâneas de contos e de novelas, ensaios, antologias e livros infantis. Em seus romances, especialmente *La Nuit, aller-retour*, *Le Vent du nord*, *L'Apocalypse blanche*, *Les Papillons noirs* e *Quator X*, ele gosta de misturar o real e o fantástico, e de colocar em cena personagens confrontados com crimes misteriosos. Grande especialista em literatura fantástica e policial (ocupou a direção literária das Éditions du Fleuve Noir) bem como em Georges Simenon e em sua obra, aos quais dedicou duas obras e inúmeros artigos, Baronian é membro da Academia Real de Língua e Literatura Francesas da Bélgica.

Coleção L&PM POCKET

1. **Catálogo geral da Coleção**
2. **Poesias** – Fernando Pessoa
3. **O livro dos sonetos** – org. Sergio Faraco
4. **Hamlet** – Shakespeare / trad. Millôr
5. **Isadora, frag. autobiográficos** – Isadora Duncan
6. **Histórias sicilianas** – G. Lampedusa
7. **O relato de Arthur Gordon Pym** – Edgar A. Poe
8. **A mulher mais linda da cidade** – Bukowski
9. **O fim de Montezuma** – Hernan Cortez
10. **A ninfomania** – D. T. Bienville
11. **As aventuras de Robinson Crusoé** – D. Defoe
12. **Histórias de amor** – A. Bioy Casares
13. **Armadilha mortal** – Roberto Arlt
14. **Contos de fantasmas** – Daniel Defoe
15. **Os pintores cubistas** – G. Apollinaire
16. **A morte de Ivan Ilitch** – L.Tolstói
17. **A desobediência civil** – D. H. Thoreau
18. **Liberdade, liberdade** – F. Rangel e M. Fernandes
19. **Cem sonetos de amor** – Pablo Neruda
20. **Mulheres** – Eduardo Galeano
21. **Cartas a Théo** – Van Gogh
22. **Don Juan** – Molière / Trad. Millôr Fernandes
24. **Horla** – Guy de Maupassant
25. **O caso de Charles Dexter Ward** – Lovecraft
26. **Vathek** – William Beckford
27. **Hai-Kais** – Millôr Fernandes
28. **Adeus, minha adorada** – Raymond Chandler
29. **Cartas portuguesas** – Mariana Alcoforado
30. **A mensageira das violetas** – Florbela Espanca
31. **Espumas flutuantes** – Castro Alves
32. **Dom Casmurro** – Machado de Assis
34. **Alves & Cia.** – Eça de Queiroz
35. **Uma temporada no inferno** – A. Rimbaud
36. **A corresp. de Fradique Mendes** – Eça de Queiroz
38. **Antologia poética** – Olavo Bilac
39. **O rei Lear** – Shakespeare
40. **Memórias póstumas de Brás Cubas** – M. de Assis
41. **Que loucura!** – Woody Allen
42. **O duelo** – Casanova
44. **Gentidades** – Darcy Ribeiro
45. **Mem. de um Sarg. de Milícias** – M. A. de Almeida
46. **Os escravos** – Castro Alves
47. **O desejo pego pelo rabo** – Pablo Picasso
48. **Os inimigos** – Máximo Gorki
49. **O colar de veludo** – Alexandre Dumas
50. **Livro dos bichos** – Vários
51. **Quincas Borba** – Machado de Assis
53. **O exército de um homem só** – Moacyr Scliar
54. **Frankenstein** – Mary Shelley
55. **Dom Segundo Sombra** – Ricardo Güiraldes
56. **De vagões e vagabundos** – Jack London
57. **O homem bicentenário** – Isaac Asimov
58. **A viuvinha** – José de Alencar
59. **Livro das cortesãs** – org. de Sergio Faraco
60. **Últimos poemas** – Pablo Neruda
61. **A moreninha** – Joaquim Manuel de Macedo
62. **Cinco minutos** – José de Alencar
63. **Saber envelhecer e a amizade** – Cícero
64. **Enquanto a noite não chega** – J. Guimarães
65. **Tufão** – Joseph Conrad
66. **Aurélia** – Gérard de Nerval
67. **I-Juca-Pirama** – Gonçalves Dias
68. **Fábulas** – Esopo
69. **Teresa Filósofa** – Anônimo do Séc. XVIII
70. **Avent. inéditas de Sherlock Holmes** – A. C. Doyle
71. **Quintana de bolso** – Mario Quintana
72. **Antes e depois** – Paul Gauguin
73. **A morte de Olivier Bécaille** – Émile Zola
74. **Iracema** – José de Alencar
75. **Iaiá Garcia** – Machado de Assis
76. **Utopia** – Tomás Morus
77. **Sonetos para amar o amor** – Camões
78. **Carmem** – Prosper Mérimée
79. **Senhora** – José de Alencar
80. **Hagar, o horrível 1** – Dik Browne
81. **O coração das trevas** – Joseph Conrad
82. **Um estudo em vermelho** – Arthur Conan Doyle
83. **Todos os sonetos** – Augusto dos Anjos
84. **A propriedade é um roubo** – P.-J. Proudhon
85. **Drácula** – Bram Stoker
86. **O marido complacente** – Sade
87. **De profundis** – Oscar Wilde
88. **Sem plumas** – Woody Allen
89. **Os bruzundangas** – Lima Barreto
90. **O cão dos Baskervilles** – Arthur Conan Doyle
91. **Paraísos artificiais** – Charles Baudelaire
92. **Cândido, ou o otimismo** – Voltaire
93. **Triste fim de Policarpo Quaresma** – Lima Barreto
94. **Amor de perdição** – Camilo Castelo Branco
95. **A megera domada** – Shakespeare / trad. Millôr
96. **O mulato** – Aluísio Azevedo
97. **O alienista** – Machado de Assis
98. **O livro dos sonhos** – Jack Kerouac
99. **Noite na taverna** – Álvares de Azevedo
100. **Aura** – Carlos Fuentes
102. **Contos gauchescos e Lendas do sul** – Simões Lopes Neto
103. **O cortiço** – Aluísio Azevedo
104. **Marília de Dirceu** – T. A. Gonzaga
105. **O Primo Basílio** – Eça de Queiroz
106. **O ateneu** – Raul Pompéia
107. **Um escândalo na Boêmia** – Arthur Conan Doyle
108. **Contos** – Machado de Assis
109. **200 Sonetos** – Luis Vaz de Camões
110. **O príncipe** – Maquiavel
111. **A escrava Isaura** – Bernardo Guimarães
112. **O solteirão nobre** – Conan Doyle
114. **Shakespeare de A a Z** – Shakespeare
115. **A relíquia** – Eça de Queiroz
117. **Livro do corpo** – Vários
118. **Lira dos 20 anos** – Álvares de Azevedo
119. **Esaú e Jacó** – Machado de Assis
120. **A barcarola** – Pablo Neruda
121. **Os conquistadores** – Júlio Verne
122. **Contos breves** – G. Apollinaire
123. **Taipi** – Herman Melville

124. **Livro dos desaforos** – org. de Sergio Faraco
125. **A mão e a luva** – Machado de Assis
126. **Doutor Miragem** – Moacyr Scliar
127. **O penitente** – Isaac B. Singer
128. **Diários da descoberta da América** – C.Colombo
129. **Édipo Rei** – Sófocles
130. **Romeu e Julieta** – Shakespeare
131. **Hollywood** – Charles Bukowski
132. **Billy the Kid** – Pat Garrett
133. **Cuca fundida** – Woody Allen
134. **O jogador** – Dostoiévski
135. **O livro da selva** – Rudyard Kipling
136. **O vale do terror** – Arthur Conan Doyle
137. **Dançar tango em Porto Alegre** – S. Faraco
138. **O gaúcho** – Carlos Reverbel
139. **A volta ao mundo em oitenta dias** – J. Verne
140. **O livro dos esnobes** – W. M. Thackeray
141. **Amor & morte em Poodle Springs** – Raymond Chandler & R. Parker
142. **As aventuras de David Balfour** – Stevenson
143. **Alice no país das maravilhas** – Lewis Carroll
144. **A ressurreição** – Machado de Assis
145. **Inimigos, uma história de amor** – I. Singer
146. **O Guarani** – José de Alencar
147. **A cidade e as serras** – Eça de Queiroz
148. **Eu e outras poesias** – Augusto dos Anjos
149. **A mulher de trinta anos** – Balzac
150. **Pomba enamorada** – Lygia F. Telles
151. **Contos fluminenses** – Machado de Assis
152. **Antes de Adão** – Jack London
153. **Intervalo amoroso** – A.Romano de Sant'Anna
154. **Memorial de Aires** – Machado de Assis
155. **Naufrágios e comentários** – Cabeza de Vaca
156. **Ubirajara** – José de Alencar
157. **Textos anarquistas** – Bakunin
159. **Amor de salvação** – Camilo Castelo Branco
160. **O gaúcho** – José de Alencar
161. **O livro das maravilhas** – Marco Polo
162. **Inocência** – Visconde de Taunay
163. **Helena** – Machado de Assis
164. **Uma estação de amor** – Horácio Quiroga
165. **Poesia reunida** – Martha Medeiros
166. **Memórias de Sherlock Holmes** – Conan Doyle
167. **A vida de Mozart** – Stendhal
168. **O primeiro terço** – Neal Cassady
169. **O mandarim** – Eça de Queiroz
170. **Um espinho de marfim** – Marina Colasanti
171. **A ilustre Casa de Ramires** – Eça de Queiroz
172. **Lucíola** – José de Alencar
173. **Antígona** – Sófocles – trad. Donaldo Schüler
174. **Otelo** – William Shakespeare
175. **Antologia** – Gregório de Matos
176. **A liberdade de imprensa** – Karl Marx
177. **Casa de pensão** – Aluísio Azevedo
178. **São Manuel Bueno, Mártir** – Unamuno
179. **Primaveras** – Casimiro de Abreu
180. **O noviço** – Martins Pena
181. **O sertanejo** – José de Alencar
182. **Eurico, o presbítero** – Alexandre Herculano
183. **O signo dos quatro** – Conan Doyle
184. **Sete anos no Tibet** – Heinrich Harrer
185. **Vagamundo** – Eduardo Galeano
186. **De repente acidentes** – Carl Solomon
187. **As minas de Salomão** – Rider Haggar
188. **Uivo** – Allen Ginsberg
189. **A ciclista solitária** – Conan Doyle
190. **Os seis bustos de Napoleão** – Conan Doyle
191. **Cortejo do divino** – Nelida Piñon
194. **Os crimes do amor** – Marquês de Sade
195. **Besame Mucho** – Mário Prata
196. **Tuareg** – Alberto Vázquez-Figueroa
197. **O longo adeus** – Raymond Chandler
199. **Notas de um velho safado** – C. Bukowski
200. **111 ais** – Dalton Trevisan
201. **O nariz** – Nicolai Gogol
202. **O capote** – Nicolai Gogol
203. **Macbeth** – William Shakespeare
204. **Heráclito** – Donaldo Schüler
205. **Você deve desistir, Osvaldo** – Cyro Martins
206. **Memórias de Garibaldi** – A. Dumas
207. **A arte da guerra** – Sun Tzu
208. **Fragmentos** – Caio Fernando Abreu
209. **Festa no castelo** – Moacyr Scliar
210. **O grande deflorador** – Dalton Trevisan
212. **Homem do princípio ao fim** – Millôr Fernandes
213. **Aline e seus dois namorados (1)** – A. Iturrusgarai
214. **A juba do leão** – Sir Arthur Conan Doyle
215. **Assassino metido a esperto** – R. Chandler
216. **Confissões de um comedor de ópio** – T.De Quincey
217. **Os sofrimentos do jovem Werther** – Goethe
218. **Fedra** – Racine / Trad. Millôr Fernandes
219. **O vampiro de Sussex** – Conan Doyle
220. **Sonho de uma noite de verão** – Shakespeare
221. **Dias e noites de amor e de guerra** – Galeano
222. **O Profeta** – Khalil Gibran
223. **Flávia, cabeça, tronco e membros** – M. Fernandes
224. **Guia da ópera** – Jeanne Suhamy
225. **Macário** – Álvares de Azevedo
226. **Etiqueta na prática** – Celia Ribeiro
227. **Manifesto do partido comunista** – Marx & Engels
228. **Poemas** – Millôr Fernandes
229. **Um inimigo do povo** – Henrik Ibsen
230. **O paraíso destruído** – Frei B. de las Casas
231. **O gato no escuro** – Josué Guimarães
232. **O mágico de Oz** – L. Frank Baum
233. **Armas no Cyrano's** – Raymond Chandler
234. **Max e os felinos** – Moacyr Scliar
235. **Nos céus de Paris** – Alcy Cheuiche
236. **Os bandoleiros** – Schiller
237. **A primeira coisa que eu botei na boca** – Deonísio da Silva
238. **As aventuras de Simbad, o marújo**
239. **O retrato de Dorian Gray** – Oscar Wilde
240. **A carteira de meu tio** – J. Manuel de Macedo
241. **A luneta mágica** – J. Manuel de Macedo
242. **A metamorfose** – Kafka
243. **A flecha de ouro** – Joseph Conrad
244. **A ilha do tesouro** – R. L. Stevenson
245. **Marx - Vida & Obra** – José A. Giannotti
246. **Gênesis**
247. **Unidos para sempre** – Ruth Rendell
248. **A arte de amar** – Ovídio
249. **O sono eterno** – Raymond Chandler
250. **Novas receitas do Anonymus Gourmet** – J.A.P.M.

251. **A nova catacumba** – Arthur Conan Doyle
252. **Dr. Negro** – Arthur Conan Doyle
253. **Os voluntários** – Moacyr Scliar
254. **A bela adormecida** – Irmãos Grimm
255. **O príncipe sapo** – Irmãos Grimm
256. **Confissões *e* Memórias** – H. Heine
257. **Viva o Alegrete** – Sergio Faraco
258. **Vou estar esperando** – R. Chandler
259. **A senhora Beate e seu filho** – Schnitzler
260. **O ovo apunhalado** – Caio Fernando Abreu
261. **O ciclo das águas** – Moacyr Scliar
262. **Millôr Definitivo** – Millôr Fernandes
264. **Viagem ao centro da Terra** – Júlio Verne
265. **A dama do lago** – Raymond Chandler
266. **Caninos brancos** – Jack London
267. **O médico e o monstro** – R. L. Stevenson
268. **A tempestade** – William Shakespeare
269. **Assassinatos na rua Morgue** – E. Allan Poe
270. **99 corruíras nanicas** – Dalton Trevisan
271. **Broquéis** – Cruz e Sousa
272. **Mês de cães danados** – Moacyr Scliar
273. **Anarquistas – vol. 1 – A idéia** – G. Woodcock
274. **Anarquistas – vol. 2 – O movimento** – G Woodcock
275. **Pai e filho, filho e pai** – Moacyr Scliar
276. **As aventuras de Tom Sawyer** – Mark Twain
277. **Muito barulho por nada** – W. Shakespeare
278. **Elogio da loucura** – Erasmo
279. **Autobiografia de Alice B. Toklas** – G. Stein
280. **O chamado da floresta** – J. London
281. **Uma agulha para o diabo** – Ruth Rendell
282. **Verdes vales do fim do mundo** – A. Bivar
283. **Ovelhas negras** – Caio Fernando Abreu
284. **O fantasma de Canterville** – O. Wilde
285. **Receitas de Yayá Ribeiro** – Celia Ribeiro
286. **A galinha degolada** – H. Quiroga
287. **O último adeus de Sherlock Holmes** – A. Conan Doyle
288. **A. Gourmet *em* Histórias de cama & mesa** – J. A. Pinheiro Machado
289. **Topless** – Martha Medeiros
290. **Mais receitas do Anonymus Gourmet** – J. A. Pinheiro Machado
291. **Origens do discurso democrático** – D. Schüler
292. **Humor politicamente incorreto** – Nani
293. **O teatro do bem e do mal** – E. Galeano
294. **Garibaldi & Manoela** – J. Guimarães
295. **10 dias que abalaram o mundo** – John Reed
296. **Numa fria** – Charles Bukowski
297. **Poesia de Florbela Espanca** vol. 1
298. **Poesia de Florbela Espanca** vol. 2
299. **Escreva certo** – E. Oliveira e M. E. Bernd
300. **O vermelho e o negro** – Stendhal
301. **Ecce homo** – Friedrich Nietzsche
302. (7).**Comer bem, sem culpa** – Dr. Fernando Lucchese, A. Gourmet e Iotti
303. **O livro de Cesário Verde** – Cesário Verde
304. **100 receitas de macarrão** – S. Lancellotti
305. **160 receitas de molhos** – S. Lancellotti
307. **100 receitas light** – H. e Â. Tonetto
308. **100 receitas de sobremesas** – Celia Ribeiro
309. **Mais de 100 dicas de churrasco** – Leon Diziekaniak
310. **100 receitas de acompanhamentos** – C. Cabeda
311. **Honra ou vendetta** – S. Lancellotti
312. **A alma do homem sob o socialismo** – Oscar Wilde
313. **Tudo sobre Yôga** – Mestre De Rose
314. **Os varões assinalados** – Tabajara Ruas
315. **Édipo em Colono** – Sófocles
316. **Lisístrata** – Aristófanes / trad. Millôr
317. **Sonhos de Bunker Hill** – John Fante
318. **Os deuses de Raquel** – Moacyr Scliar
319. **O colosso de Marússia** – Henry Miller
320. **As eruditas** – Molière / trad. Millôr
321. **Radicci 1** – Iotti
322. **Os Sete contra Tebas** – Ésquilo
323. **Brasil Terra à vista** – Eduardo Bueno
324. **Radicci 2** – Iotti
325. **Júlio César** – William Shakespeare
326. **A carta de Pero Vaz de Caminha**
327. **Cozinha Clássica** – Sílvio Lancellotti
328. **Madame Bovary** – Gustave Flaubert
329. **Dicionário do viajante insólito** – M. Scliar
330. **O capitão saiu para o almoço...** – Bukowski
331. **A carta roubada** – Edgar Allan Poe
332. **É tarde para saber** – Josué Guimarães
333. **O livro de bolso da Astrologia** – Maggy Harrisonx e Mellina Li
334. **1933 foi um ano ruim** – John Fante
335. **100 receitas de arroz** – Aninha Comas
336. **Guia prático do Português correto – vol. 1** – Cláudio Moreno
337. **Bartleby, o escriturário** – H. Melville
338. **Enterrem meu coração na curva do rio** – Dee Brown
339. **Um conto de Natal** – Charles Dickens
340. **Cozinha sem segredos** – J. A. P. Machado
341. **A dama das Camélias** – A. Dumas Filho
342. **Alimentação saudável** – H. e Â. Tonetto
343. **Continhos galantes** – Dalton Trevisan
344. **A Divina Comédia** – Dante Alighieri
345. **A Dupla Sertanojo** – Santiago
346. **Cavalos do amanhecer** – Mario Arregui
347. **Biografia de Vincent van Gogh por sua cunhada** – Jo van Gogh-Bonger
348. **Radicci 3** – Iotti
349. **Nada de novo no front** – E. M. Remarque
350. **A hora dos assassinos** – Henry Miller
351. **Flush - Memórias de um cão** – Virginia Woolf
352. **A guerra no Bom Fim** – M. Scliar
353. (1).**O caso Saint-Fiacre** – Simenon
354. (2).**Morte na alta sociedade** – Simenon
355. (3).**O cão amarelo** – Simenon
356. (4).**Maigret e o homem do banco** – Simenon
357. **As uvas e o vento** – Pablo Neruda
358. **On the road** – Jack Kerouac
359. **O coração amarelo** – Pablo Neruda
360. **Livro das perguntas** – Pablo Neruda
361. **Noite de Reis** – William Shakespeare
362. **Manual de Ecologia** – vol.1 – J. Lutzenberger
363. **O mais longo dos dias** – Cornelius Ryan
364. **Foi bom prá você?** – Nani
365. **Crepusculário** – Pablo Neruda
366. **A comédia dos erros** – Shakespeare
367. (5).**A primeira investigação de Maigret** – Simenon

368(6).**As férias de Maigret** – Simenon
369.**Mate-me por favor (vol.1)** – L. McNeil
370.**Mate-me por favor (vol.2)** – L. McNeil
371.**Carta ao pai** – Kafka
372.**Os vagabundos iluminados** – J. Kerouac
373(7).**O enforcado** – Simenon
374(8).**A fúria de Maigret** – Simenon
375.**Vargas, uma biografia política** – H. Silva
376.**Poesia reunida (vol.1)** – A. R. de Sant'Anna
377.**Poesia reunida (vol.2)** – A. R. de Sant'Anna
378.**Alice no país do espelho** – Lewis Carroll
379.**Residência na Terra 1** – Pablo Neruda
380.**Residência na Terra 2** – Pablo Neruda
381.**Terceira Residência** – Pablo Neruda
382.**O delírio amoroso** – Bocage
383.**Futebol ao sol e à sombra** – E. Galeano
384(9).**O porto das brumas** – Simenon
385(10).**Maigret e seu morto** – Simenon
386.**Radicci 4** – Iotti
387.**Boas maneiras & sucesso nos negócios** – Celia Ribeiro
388.**Uma história Farroupilha** – M. Sclair
389.**Na mesa ninguém envelhece** – J. A. P. Machado
390.**200 receitas inéditas do Anonymous Gourmet** – J. A. Pinheiro Machado
391.**Guia prático do Português correto – vol.2** – Cláudio Moreno
392.**Breviário das terras do Brasil** – Assis Brasil
393.**Cantos Cerimoniais** – Pablo Neruda
394.**Jardim de Inverno** – Pablo Neruda
395.**Antonio e Cleópatra** – William Shakespeare
396.**Tróia** – Cláudio Moreno
397.**Meu tio matou um cara** – Jorge Furtado
398.**O anatomista** – Federico Andahazi
399.**As viagens de Gulliver** – Jonathan Swift
400.**Dom Quixote** – (v. 1) – Miguel de Cervantes
401.**Dom Quixote** – (v. 2) – Miguel de Cervantes
402.**Sozinho no Pólo Norte** – Thomaz Brandolin
403.**Matadouro 5** – Kurt Vonnegut
404.**Delta de Vênus** – Anaïs Nin
405.**O melhor de Hagar 2** – Dik Browne
406.**É grave Doutor?** – Nani
407.**Orai pornô** – Nani
408(11).**Maigret em Nova York** – Simenon
409(12).**O assassino sem rosto** – Simenon
410(13).**O mistério das jóias roubadas** – Simenon
411.**A irmãzinha** – Raymond Chandler
412.**Três contos** – Gustave Flaubert
413.**De ratos e homens** – John Steinbeck
414.**Lazarilho de Tormes** – Anônimo do séc. XVI
415.**Triângulo das águas** – Caio Fernando Abreu
416.**100 receitas de carnes** – Silvio Lancellotti
417.**Histórias de robôs**: vol. 1 – org. Isaac Asimov
418.**Histórias de robôs**: vol. 2 – org. Isaac Asimov
419.**Histórias de robôs**: vol. 3 – org. Isaac Asimov
420.**O país dos centauros** – Tabajara Ruas
421.**A república de Anita** – Tabajara Ruas
422.**A carga dos lanceiros** – Tabajara Ruas
423.**Um amigo de Kafka** – Isaac Singer
424.**As alegres matronas de Windsor** – Shakespeare
425.**Amor e exílio** – Isaac Bashevis Singer
426.**Use & abuse do seu signo** – Marília Fiorillo e Marylou Simonsen
427.**Pigmaleão** – Bernard Shaw
428.**As fenícias** – Eurípides
429.**Everest** – Thomaz Brandolin
430.**A arte de furtar** – Anônimo do séc. XVI
431.**Billy Bud** – Herman Melville
432.**A rosa separada** – Pablo Neruda
433.**Elegia** – Pablo Neruda
434.**A garota de Cassidy** – David Goodis
435.**Como fazer a guerra: máximas de Napoleão** – Balzac
436.**Poemas escolhidos** – Emily Dickinson
437.**Gracias por el fuego** – Mario Benedetti
438.**O sofá** – Crébillon Fils
439.**O "Martín Fierro"** – Jorge Luis Borges
440.**Trabalhos de amor perdidos** – W. Shakespeare
441.**O melhor de Hagar 3** – Dik Browne
442.**Os Maias (volume1)** – Eça de Queiroz
443.**Os Maias (volume2)** – Eça de Queiroz
444.**Anti-Justine** – Restif de La Bretonne
445.**Juventude** – Joseph Conrad
446.**Contos** – Eça de Queiroz
447.**Janela para a morte** – Raymond Chandler
448.**Um amor de Swann** – Marcel Proust
449.**À paz perpétua** – Immanuel Kant
450.**A conquista do México** – Hernan Cortez
451.**Defeitos escolhidos e 2000** – Pablo Neruda
452.**O casamento do céu e do inferno** – William Blake
453.**A primeira viagem ao redor do mundo** – Antonio Pigafetta
454(14).**Uma sombra na janela** – Simenon
455(15).**A noite da encruzilhada** – Simenon
456(16).**A velha senhora** – Simenon
457.**Sartre** – Annie Cohen-Solal
458.**Discurso do método** – René Descartes
459.**Garfield em grande forma (1)** – Jim Davis
460.**Garfield está de dieta (2)** – Jim Davis
461.**O livro das feras** – Patricia Highsmith
462.**Viajante solitário** – Jack Kerouac
463.**Auto da barca do inferno** – Gil Vicente
464.**O livro vermelho dos pensamentos de Millôr** – Millôr Fernandes
465.**O livro dos abraços** – Eduardo Galeano
466.**Voltaremos!** – José Antonio Pinheiro Machado
467.**Rango** – Edgar Vasques
468(8).**Dieta mediterrânea** – Dr. Fernando Lucchese e José Antonio Pinheiro Machado
469.**Radicci 5** – Iotti
470.**Pequenos pássaros** – Anaïs Nin
471.**Guia prático do Português correto – vol.3** – Cláudio Moreno
472.**Atire no pianista** – David Goodis
473.**Antologia Poética** García Lorca
474.**Alexandre e César** – Plutarco
475.**Uma espiã na casa do amor** – Anaïs Nin
476.**A gorda do Tiki Bar** – Dalton Trevisan
477.**Garfield um gato de peso (3)** – Jim Davis
478.**Canibais** – David Coimbra
479.**A arte de escrever** – Arthur Schopenhauer
480.**Pinóquio** – Carlo Collodi
481.**Misto-quente** – Charles Bukowski
482.**A lua na sarjeta** – David Goodis
483.**O melhor do Recruta Zero (1)** – Mort Walker

484. **Aline: TPM – tensão pré-monstrual (2)** – Adão Iturrusgarai
485. **Sermões do Padre Antonio Vieira**
486. **Garfield numa boa (4)** – Jim Davis
487. **Mensagem** – Fernando Pessoa
488. **Vendeta** seguido de **A paz conjugal** – Balzac
489. **Poemas de Alberto Caeiro** – Fernando Pessoa
490. **Ferragus** – Honoré de Balzac
491. **A duquesa de Langeais** – Honoré de Balzac
492. **A menina dos olhos de ouro** – Honoré de Balzac
493. **O lírio do vale** – Honoré de Balzac
494(17). **A barcaça da morte** – Simenon
495(18). **As testemunhas rebeldes** – Simenon
496(19). **Um engano de Maigret** – Simenon
497(1). **A noite das bruxas** – Agatha Christie
498(2). **Um passe de mágica** – Agatha Christie
499(3). **Nêmesis** – Agatha Christie
500. **Esboço para uma teoria das emoções** – Sartre
501. **Renda básica de cidadania** – Eduardo Suplicy
502(1). **Pílulas para viver melhor** – Dr. Lucchese
503(2). **Pílulas para prolongar a juventude** – Dr. Lucchese
504(3). **Desembarcando o diabetes** – Dr. Lucchese
505(4). **Desembarcando o sedentarismo** – Dr. Fernando Lucchese e Cláudio Castro
506(5). **Desembarcando a hipertensão** – Dr. Lucchese
507(6). **Desembarcando o colesterol** – Dr. Fernando Lucchese e Fernanda Lucchese
508. **Estudos de mulher** – Balzac
509. **O terceiro tira** – Flann O'Brien
510. **100 receitas de aves e ovos** – J. A. P. Machado
511. **Garfield em toneladas de diversão (5)** – Jim Davis
512. **Trem-bala** – Martha Medeiros
513. **Os cães ladram** – Truman Capote
514. **O Kama Sutra de Vatsyayana**
515. **O crime do Padre Amaro** – Eça de Queiroz
516. **Odes de Ricardo Reis** – Fernando Pessoa
517. **O inverno da nossa desesperança** – Steinbeck
518. **Piratas do Tietê (1)** – Laerte
519. **Rê Bordosa: do começo ao fim** – Angeli
520. **O Harlem é escuro** – Chester Himes
521. **Café-da-manhã dos campeões** – Kurt Vonnegut
522. **Eugénie Grandet** – Balzac
523. **O último magnata** – F. Scott Fitzgerald
524. **Carol** – Patricia Highsmith
525. **100 receitas de patisseria** – Sílvio Lancellotti
526. **O fator humano** – Graham Greene
527. **Tristessa** – Jack Kerouac
528. **O diamante do tamanho do Ritz** – S. Fitzgerald
529. **As melhores histórias de Sherlock Holmes** – Arthur Conan Doyle
530. **Cartas a um jovem poeta** – Rilke
531(20). **Memórias de Maigret** – Simenon
532(4). **O misterioso sr. Quin** – Agatha Christie
533. **Os analectos** – Confúcio
534(21). **Maigret e os homens de bem** – Simenon
535(22). **O medo de Maigret** – Simenon
536. **Ascensão e queda de César Birotteau** – Balzac
537. **Sexta-feira negra** – David Goodis
538. **Ora bolas – O humor de Mario Quintana** – Juarez Fonseca
539. **Longe daqui aqui mesmo** – Antonio Bivar
540(5). **É fácil matar** – Agatha Christie
541. **O pai Goriot** – Balzac
542. **Brasil, um país do futuro** – Stefan Zweig
543. **O processo** – Kafka
544. **O melhor de Hagar 4** – Dik Browne
545(6). **Por que não pediram a Evans?** – Agatha Christie
546. **Fanny Hill** – John Cleland
547. **O gato por dentro** – William S. Burroughs
548. **Sobre a brevidade da vida** – Sêneca
549. **Geraldão (1)** – Glauco
550. **Piratas do Tietê (2)** – Laerte
551. **Pagando o pato** – Ciça
552. **Garfield de bom humor (6)** – Jim Davis
553. **Conhece o Mário?** vol.1 – Santiago
554. **Radicci 6** – Iotti
555. **Os subterrâneos** – Jack Kerouac
556(1). **Balzac** – François Taillandier
557(2). **Modigliani** – Christian Parisot
558(3). **Kafka** – Gérard-Georges Lemaire
559(4). **Júlio César** – Joël Schmidt
560. **Receitas da família** – J. A. Pinheiro Machado
561. **Boas maneiras à mesa** – Celia Ribeiro
562(9). **Filhos sadios, pais felizes** – R. Pagnoncelli
563(10). **Fatos & mitos** – Dr. Fernando Lucchese
564. **Ménage à trois** – Paula Taitelbaum
565. **Mulheres!** – David Coimbra
566. **Poemas de Álvaro de Campos** – Fernando Pessoa
567. **Medo e outras histórias** – Stefan Zweig
568. **Snoopy e sua turma (1)** – Schulz
569. **Piadas para sempre (1)** – Visconde da Casa Verde
570. **O alvo móvel** – Ross Macdonald
571. **O melhor do Recruta Zero (2)** – Mort Walker
572. **Um sonho americano** – Norman Mailer
573. **Os broncos também amam** – Angeli
574. **Crônica de um amor louco** – Bukowski
575(5). **Freud** – René Major e Chantal Talagrand
576(6). **Picasso** – Gilles Plazy
577(7). **Gandhi** – Christine Jordis
578. **A tumba** – H. P. Lovecraft
579. **O príncipe e o mendigo** – Mark Twain
580. **Garfield, um charme de gato (7)** – Jim Davis
581. **Ilusões perdidas** – Balzac
582. **Esplendores e misérias das cortesãs** – Balzac
583. **Walter Ego** – Angeli
584. **Striptiras (1)** – Laerte
585. **Fagundes: um puxa-saco de mão cheia** – Laerte
586. **Depois do último trem** – Josué Guimarães
587. **Ricardo III** – Shakespeare
588. **Dona Anja** – Josué Guimarães
589. **24 horas na vida de uma mulher** – Stefan Zweig
590. **O terceiro homem** – Graham Greene
591. **Mulher no escuro** – Dashiell Hammett
592. **No que acredito** – Bertrand Russell
593. **Odisséia (1): Telemaquia** – Homero
594. **O cavalo cego** – Josué Guimarães
595. **Henrique V** – Shakespeare
596. **Fabulário geral do delírio cotidiano** – Bukowski
597. **Tiros na noite 1: A mulher do bandido** – Dashiell Hammett
598. **Snoopy em Feliz Dia dos Namorados! (2)** – Schulz
599. **Mas não se matam cavalos?** – Horace McCoy
600. **Crime e castigo** – Dostoiévski

601. (7).**Mistério no Caribe** – Agatha Christie
602. **Odisséia (2): Regresso** – Homero
603. **Piadas para sempre (2)** – Visconde da Casa Verde
604. **À sombra do vulcão** – Malcolm Lowry
605. (8).**Kerouac** – Yves Buin
606. **E agora são cinzas** – Angeli
607. **As mil e uma noites** – Paulo Caruso
608. **Um assassino entre nós** – Ruth Rendell
609. **Crack-up** – F. Scott Fitzgerald
610. **Do amor** – Stendhal
611. **Cartas do Yage** – William Burroughs e Allen Ginsberg
612. **Striptiras (2)** – Laerte
613. **Henry & June** – Anaïs Nin
614. **A piscina mortal** – Ross Macdonald
615. **Geraldão (2)** – Glauco
616. **Tempo de delicadeza** – A. R. de Sant'Anna
617. **Tiros na noite 2: Medo de tiro** – Dashiell Hammett
618. **Snoopy em Assim é a vida, Charlie Brown! (3)** – Schulz
619. **1954 – Um tiro no coração** – Hélio Silva
620. **Sobre a inspiração poética (Íon) e ...** – Platão
621. **Garfield e seus amigos (8)** – Jim Davis
622. **Odisséia (3): Ítaca** – Homero
623. **A louca matança** – Chester Himes
624. **Factótum** – Charles Bukowski
625. **Guerra e Paz: volume 1** – Tolstói
626. **Guerra e Paz: volume 2** – Tolstói
627. **Guerra e Paz: volume 3** – Tolstói
628. **Guerra e Paz: volume 4** – Tolstói
629. (9).**Shakespeare** – Claude Mourthé
630. **Bem está o que bem acaba** – Shakespeare
631. **O contrato social** – Rousseau
632. **Geração Beat** – Jack Kerouac
633. **Snoopy: É Natal! (4)** – Charles Schulz
634. (8).**Testemunha da acusação** – Agatha Christie
635. **Um elefante no caos** – Millôr Fernandes
636. **Guia de leitura (100 autores que você precisa ler)** – Organização de Léa Masina
637. **Pistoleiros também mandam flores** – David Coimbra
638. **O prazer das palavras** – vol. 1 – Cláudio Moreno
639. **O prazer das palavras** – vol. 2 – Cláudio Moreno
640. **Novíssimo testamento: com Deus e o diabo, a dupla da criação** – Iotti
641. **Literatura Brasileira: modos de usar** – Luís Augusto Fischer
642. **Dicionário de Porto-Alegrês** – Luís A. Fischer
643. **Clô Dias & Noites** – Sérgio Jockymann
644. **Memorial de Isla Negra** – Pablo Neruda
645. **Um homem extraordinário e outras histórias** – Tchékhov
646. **Ana sem terra** – Alcy Cheuiche
647. **Adultérios** – Woody Allen
648. **Para sempre ou nunca mais** – R. Chandler
649. **Nosso homem em Havana** – Graham Greene
650. **Dicionário Caldas Aulete de Bolso**
651. **Snoopy: Posso fazer uma pergunta, professora? (5)** – Charles Schulz
652. (10).**Luís XVI** – Bernard Vincent
653. **O mercador de Veneza** – Shakespeare
654. **Cancioneiro** – Fernando Pessoa
655. **Non-Stop** – Martha Medeiros
656. **Carpinteiros, levantem bem alto a cumeeira & Seymour, uma apresentação** – J.D.Salinger
657. **Ensaios céticos** – Bertrand Russell
658. **O melhor de Hagar 5** – Dik e Chris Browne
659. **Primeiro amor** – Ivan Turguêniev
660. **A trégua** – Mario Benedetti
661. **Um parque de diversões da cabeça** – Lawrence Ferlinghetti
662. **Aprendendo a viver** – Sêneca
663. **Garfield, um gato em apuros (9)** – Jim Davis
664. **Dilbert 1** – Scott Adams
665. **Dicionário de dificuldades** – Domingos Paschoal Cegalla
666. **A imaginação** – Jean-Paul Sartre
667. **O ladrão e os cães** – Naguib Mahfuz
668. **Gramática do português contemporâneo** – Celso Cunha
669. **A volta do parafuso** *seguido de* **Daisy Miller** – Henry James
670. **Notas do subsolo** – Dostoiévski
671. **Abobrinhas da Brasilônia** – Glauco
672. **Geraldão (3)** – Glauco
673. **Piadas para sempre (3)** – Visconde da Casa Verde
674. **Duas viagens ao Brasil** – Hans Staden
675. **Bandeira de bolso** – Manuel Bandeira
676. **A arte da guerra** – Maquiavel
677. **Além do bem e do mal** – Nietzsche
678. **O coronel Chabert** *seguido de* **A mulher abandonada** – Balzac
679. **O sorriso de marfim** – Ross Macdonald
680. **100 receitas de pescados** – Sílvio Lancellotti
681. **O juiz e seu carrasco** – Friedrich Dürrenmatt
682. **Noites brancas** – Dostoiévski
683. **Quadras ao gosto popular** – Fernando Pessoa
684. **Romanceiro da Inconfidência** – Cecília Meireles
685. **Kaos** – Millôr Fernandes
686. **A pele de onagro** – Balzac
687. **As ligações perigosas** – Choderlos de Laclos
688. **Dicionário de matemática** – Luiz Fernandes Cardoso
689. **Os Lusíadas** – Luís Vaz de Camões
690. (11).**Átila** – Éric Deschodt
691. **Um jeito tranqüilo de matar** – Chester Himes
692. **A felicidade conjugal** *seguido de* **O diabo** – Tolstói
693. **Viagem de um naturalista ao redor do mundo** – vol. 1 – Charles Darwin
694. **Viagem de um naturalista ao redor do mundo** – vol. 2 – Charles Darwin
695. **Memórias da casa dos mortos** – Dostoiévski
696. **A Celestina** – Fernando de Rojas
697. **Snoopy: Como você é azarado, Charlie Brown! (6)** – Charles Schulz
698. **Dez (quase) amores** – Claudia Tajes
699. (9).**Poirot sempre espera** – Agatha Christie
700. **Cecília de bolso** – Cecília Meireles
701. **Apologia de Sócrates** *precedido de* **Êutifron e** *seguido de* **Críton** – Platão
702. **Wood & Stock** – Angeli
703. **Striptiras (3)** – Laerte

704. **Discurso sobre a origem e os fundamentos da desigualdade entre os homens** – Rousseau
705. **Os duelistas** – Joseph Conrad
706. **Dilbert (2)** – Scott Adams
707. **Viver e escrever** (vol. 1) – Edla van Steen
708. **Viver e escrever** (vol. 2) – Edla van Steen
709. **Viver e escrever** (vol. 3) – Edla van Steen
710(10). **A teia da aranha** – Agatha Christie
711. **O banquete** – Platão
712. **Os belos e malditos** – F. Scott Fitzgerald
713. **Líbelo contra a arte moderna** – Salvador Dalí
714. **Akropolis** – Valerio Massimo Manfredi
715. **Devoradores de mortos** – Michael Crichton
716. **Sob o sol da Toscana** – Frances Mayes
717. **Batom na cueca** – Nani
718. **Vida dura** – Claudia Tajes
719. **Carne trêmula** – Ruth Rendell
720. **Cris, a fera** – David Coimbra
721. **O anticristo** – Nietzsche
722. **Como um romance** – Daniel Pennac
723. **Emboscada no Forte Bragg** – Tom Wolfe
724. **Assédio sexual** – Michael Crichton
725. **O espírito do Zen** – Alan W. Watts
726. **Um bonde chamado desejo** – Tennessee Williams
727. **Como gostais** *seguido de* **Conto de inverno** – Shakespeare
728. **Tratado sobre a tolerância** – Voltaire
729. **Snoopy: Doces ou travessuras? (7)** – Charles Schulz
730. **Cardápios do Anonymus Gourmet** – J.A. Pinheiro Machado
731. **100 receitas com lata** – J.A. Pinheiro Machado
732. **Conhece o Mário?** vol.2 – Santiago
733. **Dilbert (3)** – Scott Adams
734. **História de um louco amor** *seguido de* **Passado amor** – Horacio Quiroga
735(11). **Sexo: muito prazer** – Laura Meyer da Silva
736(12). **Para entender o adolescente** – Dr. Ronald Pagnoncelli
737(13). **Desembarcando a tristeza** – Dr. Fernando Lucchese
738. **Poirot e o mistério da arca espanhola & outras histórias** – Agatha Christie
739. **A última legião** – Valerio Massimo Manfredi
740. **As virgens suicidas** – Jeffrey Eugenides
741. **Sol nascente** – Michael Crichton
742. **Duzentos ladrões** – Dalton Trevisan
743. **Os devaneios do caminhante solitário** – Rousseau
744. **Garfield, o rei da preguiça (10)** – Jim Davis
745. **Os magnatas** – Charles R. Morris
746. **Pulp** – Charles Bukowski
747. **Enquanto agonizo** – William Faulkner
748. **Aline: viciada em sexo (3)** – Adão Iturrusgarai
749. **A dama do cachorrinho** – Anton Tchékhov
750. **Tito Andrônico** – Shakespeare
751. **Antologia poética** – Anna Akhmátova
752. **O melhor de Hagar 6** – Dik e Chris Browne
753(12). **Michelangelo** – Nadine Sautel
754. **Dilbert (4)** – Scott Adams
755. **O jardim das cerejeiras** *seguido de* **Tio Vânia** – Tchékhov
756. **Geração Beat** – Claudio Willer
757. **Santos Dumont** – Alcy Cheuiche
758. **Budismo** – Claude B. Levenson
759. **Cleópatra** – Christian-Georges Schwentzel
760. **Revolução Francesa** – Frédéric Bluche, Stéphane Rials e Jean Tulard
761. **A crise de 1929** – Bernard Gazier
762. **Sigmund Freud** – Edson Sousa e Paulo Endo
763. **Império Romano** – Patrick Le Roux
764. **Cruzadas** – Cécile Morrisson
765. **O mistério do Trem Azul** – Agatha Christie
766. **Os escrúpulos de Maigret** – Simenon
767. **Maigret se diverte** – Simenon
768. **Senso comum** – Thomas Paine
769. **O parque dos dinossauros** – Michael Crichton
770. **Trilogia da paixão** – Goethe
771. **A simples arte de matar** (vol.1) – R. Chandler
772. **A simples arte de matar** (vol.2) – R. Chandler
773. **Snoopy: No mundo da lua! (8)** – Charles Schulz
774. **Os Quatro Grandes** – Agatha Christie
775. **Um brinde de cianureto** – Agatha Christie
776. **Súplicas atendidas** – Truman Capote
777. **Ainda restam aveleiras** – Simenon
778. **Maigret e o ladrão preguiçoso** – Simenon
779. **A viúva imortal** – Millôr Fernandes
780. **Cabala** – Roland Goetschel
781. **Capitalismo** – Claude Jessua
782. **Mitologia grega** – Pierre Grimal
783. **Economia: 100 palavras-chave** – Jean-Paul BebÈze
784. **Marxismo** – Henri Lefebvre
785. **Punição para a inocência** – Agatha Christie
786. **A extravagância do morto** – Agatha Christie
787(13). **Cézanne** – Bernard Fauconnier
788. **A identidade Bourne** – Robert Ludlum
789. **Da tranquilidade da alma** – Sêneca
790. **Um artista da fome** *seguido de* **Na colônia penal e outras histórias** – Kafka
791. **Histórias de fantasmas** – Charles Dickens
792. **A louca de Maigret** – Simenon
793. **O amigo de infância de Maigret** – Simenon
794. **O revólver de Maigret** – Simenon
795. **A fuga do sr. Monde** – Simenon
796. **O Uraguai** – Basílio da Gama
797. **A mão misteriosa** – Agatha Christie
798. **Testemunha ocular do crime** – Agatha Christie
799. **Crepúsculo dos ídolos** – Friedrich Nietzsche
800. **Maigret e o negociante de vinhos** – Simemon
801. **Maigret e o mendigo** – Simenon
802. **O grande golpe** – Dashiell Hammett
803. **Humor barra pesada** – Nani
804. **Vinho** – Jean-François Gautier
805. **Egito Antigo** – Sophie Desplancques
806(14). **Baudelaire** – Jean-Baptiste Baronian
807. **Caminho da sabedoria, caminho da paz** – Dalai Lama e Felizitas von Schönborn
808. **Senhor e servo e outras histórias** – Tolstói
809. **Os cadernos de Malte Laurids Brigge** – Rilke
810. **Dilbert (5)** – Scott Adams
811. **Big Sur** – Jack Kerouac
812. **Seguindo a correnteza** – Agatha Christie
813. **O álibi** – Sandra Brown
814. **Montanha-russa** – Martha Medeiros
815. **Coisas da vida** – Martha Medeiros

816. **A cantada infalível** *seguido de* **A mulher do centroavante** – David Coimbra
817. **Maigret e os crimes do cais** – Simenon
818. **Sinal vermelho** – Simenon
819. **Snoopy: Pausa para a soneca (9)** – Charles Schulz
820. **De pernas pro ar** – Eduardo Galeano
821. **Tragédias gregas** – Pascal Thiercy
822. **Existencialismo** – Jacques Colette
823. **Nietzsche** – Jean Granier
824. **Amar ou depender?** – Walter Riso
825. **Darmapada: A doutrina budista em versos**
826. **J'Accuse...! – a verdade em marcha** – Zola
827. **Os crimes ABC** – Agatha Christie
828. **Um gato entre os pombos** – Agatha Christie
829. **Maigret e o sumiço do sr. Charles** – Simenon
830. **Maigret e a morte do jogador** – Simenon
831. **Dicionário de teatro** – Luiz Paulo Vasconcellos
832. **Cartas extraviadas** – Martha Medeiros
833. **A longa viagem de prazer** – J. J. Morosoli
834. **Receitas fáceis** – J. A. Pinheiro Machado
835.(14).**Mais fatos & mitos** – Dr. Fernando Lucchese
836.(15).**Boa viagem!** – Dr. Fernando Lucchese
837. **Aline: Finalmente nua!!!** (4) – Adão Iturrusgarai
838. **Mônica tem uma novidade!** – Mauricio de Sousa
839. **Cebolinha em apuros!** – Mauricio de Sousa
840. **Sócios no crime** – Agatha Christie
841. **Bocas do tempo** – Eduardo Galeano
842. **Orgulho e preconceito** – Jane Austen
843. **Impressionismo** – Dominique Lobstein
844. **Escrita chinesa** – Viviane Alleton
845. **Paris: uma história** – Yvan Combeau
846(15).**Van Gogh** – David Haziot
847. **Maigret e o corpo sem cabeça** – Simenon
848. **Portal do destino** – Agatha Christie
849. **O futuro de uma ilusão** – Freud
850. **O mal-estar na cultura** – Freud
851. **Maigret e o matador** – Simenon
852. **Maigret e o fantasma** – Simenon
853. **Um crime adormecido** – Agatha Christie
854. **Satori em Paris** – Jack Kerouac
855. **Medo e delírio em Las Vegas** – Hunter Thompson
856. **Um negócio fracassado e outros contos de humor** – Tchékhov
857. **Mônica está de férias!** – Mauricio de Sousa
858. **De quem é esse coelho?** – Mauricio de Sousa
859. **O burgomestre de Furnes** – Simenon
860. **O mistério Sittaford** – Agatha Christie
861. **Manhã transfigurada** – Luiz Antonio de Assis Brasil
862. **Alexandre, o Grande** – Pierre Briant
863. **Jesus** – Charles Perrot
864. **Islã** – Paul Balta
865. **Guerra da Secessão** – Farid Ameur

IMPRESSÃO:

Pallotti
GRÁFICA EDITORA
IMAGEM DE QUALIDADE

Santa Maria - RS - Fone/Fax: (55) 3220.4500
www.pallotti.com.br